# 子どもの理解と援助

## 子どもの育ちと学びの理解と保育実践

藪中征代／玉瀬友美 ［編著］

萌文書林
houbunshorin

# は じ め に

　子どもは大人と違う考え方をすることがあります。それは，大人の常識的な考えとは違っています。しかし，決して子どもの考えは，幼稚なものではないのです。その考えは，おもしろく，楽しく，ユーモアに満ちたものです。どうしてこんな考え方を子どもはするのでしょうか。大人から見ればおもしろかったり，不思議だったりするものばかりではないでしょうか。しかし，それが子どものあるがままの姿なのです。もしかすると，子どものほうが真実をとらえているのかもしれません。

　子どもは自ら考え行動し，自ら成長していきます。そのような子どもの考える力や行動力を大人は尊重しなければならないでしょう。私たち大人は，子どもの考えに耳を傾け，子どもの行動を見守る必要があります。子どもには，子どもの発達に必要な環境のなかで，子ども自身で考え行動していく場や機会が必要です。保育の場において，ややもすると知識や行動の仕方を教え込むことが多い今日，子どもの考えに耳を傾け，行動を見守ることによって，子どもを理解しようとする保育者の姿勢が大切なのではないでしょうか。

　ところで「子どもを理解する」とは，いったいどのようなことでしょうか。皆さんは，「子どもが好き」という純粋な思いで保育者を目指そうという思いがあったのではないでしょうか。ただ，「子どもを理解する」ことの大切さはわかるけれど，保育実践の場で子どもたちと関わりながら，「何を」「どのように」理解したらよいのだろうかと悩まれることが多いのではないでしょうか。そして，「子どもを理解する」ことから始まり，その理解が保育者の子どもへの援助にどのように関係するのか，また，「子どもを理解する」には，どのように記録を取ったり，周囲の人々と関わったりすることが必要になるのか等々について学んでいきます。

　本書は，2018年４月に新たに制定された保育士養成課程の教科目「子どもの理解と援助」の教授内容に準拠し，保育士や幼稚園教諭など，保育者に必要な基礎知識の習得を基本に，保育を目指す学生が理解しやすく，自ら考えるワークを章ごとに多数取り入れています。保育者を目指す学生の皆さんが，「何をどのように学ぶか」という問いをもって，自ら本書に示したワークに取り組んでください。そして，より深く子どもを理解できるようになるための柔軟で謙虚な姿勢をもち続けてください。

　本書が，「子どもが好き」という純粋な思いで保育者を目指している学生の皆さんに，少しでもお役に立つことを心から願っています。

2020年9月

編著者　藪中征代・玉瀬友美

# Contents

第**9**章　**環境の変化や移行**

第**10**章　**子ども理解のための観察・記録・省察・評価**

# 第 1 章

# 保育における子ども理解の意義

## 1 保育における子ども理解

### [1] 保育とは

　保育は，保護の"保"と教育の"育"を合わせてつくられたことばです。そして，子どもを"保護する"と"教育する"の意味が含まれています。

　スイスの生物学者ポルトマン（Portmann, A.)[1]は，人間と動物における生後の発達の様相を比較することによって人間の特殊性を指摘し，「他の高等な哺乳類に比べて，人間は未成熟で不完全な状態で生まれてくる（生理的早産）」と述べています。つまり，人間は無能・無防備・未成熟の状態で生まれてくるということです。したがって，人間は生まれた直後から保育が必要となるわけです。"無能"であるといいましたが，見方を変えれば生まれてから多くのことを学んでいく可能性を含んでいるとも考えられます。

　人間の子どもは類人猿をはじめ，ほかの動物の子どもに比べて環境の影響を受けるべくつくられており，生育期間も非常に長くなっているのです。成育期間が長いということは，それだけ母子関係が長期化することを意味し，ほかの動物より母子相互作用の密度が高いといえるでしょう。人間の子どもが人間らしく育つのは，母子関係を核とした人的環境によっているということです。

　またデューイ（Dewey, J.)[2]は，「未成熟な状態で生まれ，その期間が長いことが人の特質である」と述べています。このことから，子どもに対してはその命を守っていくこと（保護）と同時に，あるべき姿へとその内にある可能性を伸ばしていくこと（教育）が重要となってくるでしょう。

　上記で述べたことから，保育とは「人間（大人）が人間（子ども）を，愛情をもって守っていきながら，あるべき姿へと育てていく営み」であるといえるでしょう。

　「**人間が人間を育てる**」とは，社会的・文化的環境のなかで，人間としての生活環境が与えられなければならないということを示しています。つまり，人間の赤ちゃんは，

ほかの動物の赤ちゃんと比べて環境の影響を受けるようにつくられており，生育期間も非常に長くなっているのです。生育期間が長いということは，それだけで母子関係が長期化することを意味し，ほかの動物より母子相互関係の密度が高いということがいえます。このことから，人間の赤ちゃんが人間らしく育つのは，母子関係を核とした人的環境によっているということがわかるでしょう。

また，「**愛情をもって守っていく**」をボウルビィ（Bowlby, J.）[3] の愛着理論から考えてみましょう。愛着はアタッチメント（attachment）ともいわれ，ボウルビィは「人間または動物が，特定の個体（人間または動物）に対してもつ情愛の絆」と定義しました。すなわち，特定の個体に対して愛情や信頼関係が形成されているということです。

子どもは出生直後，母親との相互作用を繰り返しながら，母親や自分自身についての概念を形成していきます。生後4か月頃になると，母親を他者と区別して反応するようになり，6か月から8か月にかけて，とくに顕著になります。子どもが母親を見て微笑んだり，ハイハイして母親のあとを追いかけたり，泣いていた子どもが親に抱っこされて泣きやんだり，知らない人に話しかけられてあわてて親にしがみついたりする姿は，日常よくみかけます。

子どもは，親や保育者など，日常よく接する大人に対しては，あまり接しない人に対するときとは，はっきりと異なった行動をすることがよく知られています。愛着の形成には，母子相互作用の質と量が影響すると考えられます。それは母子相互作用における母親の適切な応答により，子どもは母親への基本的信頼感をもち，母子関係が安定し，愛着の形成にも影響を与えていくからなのです。

子どもにとって飢えなどの生理的欲求が満たされる以上に，身体接触による情緒の安定感や安心感などの社会的欲求が満たされることが重要なのです。

「**あるべき姿へと育てていく**」とは，大人が子どもに「このような人になってほしい」という願いに基づいた意図的な営みです。『保育所保育指針』第1章総則には，「保育所の保育は，子どもが現在を最も良く生き，望ましい未来を作り出す力の基礎を養う」とあります。そのためには，大人が子どもを保護・養育するといった養護的側面と，その実現のために大人が子どもを援助していくといった教育的側面が重視されます。したがって，保育とは，「養護と教育が一体的に行われることを基本とする営み」なのです。

## ［2］子どもを理解するとは

私たちは，「子どもを理解していこうとするとき」，つまり「子どもの心を知ろうとするとき」，どのようなことに留意し，どのように子どもを見ていくことが求められるのでしょうか。

子どもと大人が出会うところでは，大人による「子どもの理解」があるだけでなく，

子どもの側からの「大人の理解」という側面もあります。人と人とが出会い，何らかの関わりをもつところでは，このような双方からの何らかの理解が始まります。その理解は関わりが深まるにつれて，変化し深まっていきます。この深まっていく過程で，大人は自分自身の子どもに対する意識の変化，つまり自分自身が変化していくことに気づくようになります。子どもと関わりながら子どもが変化することだけを求めるのではなく，大人である自分自身の子どもを見る目を変化させ，深化させていくということになるのです。

　子どもを理解するとき，子どもがしていることのうち，目に見える部分だけで捉えてしまうのでは，深い子ども理解に至らないということは理解できましたでしょうか。津守真[*1 4)]は，上記の点について「子どものしていることを直接に見たところだけでしかとらえないのではなくて，大人の目には見えず，気づかれていない世界がその底にあることを前提にせねばならないと思う。子どもという神秘的な存在，未知なるものを多く持つ存在に対する恐れを感ぜずにいられない。今気がついていない世界のあることに気づき，そこからの声に耳を傾け，そのあらわれである表現に目をひらくことが大切なのだと思う」と述べています。

　これは，子どもを理解するとき，この内面を理解するということを忘れてはいけないということです。この内面理解に至る道にたどりつくためには，「我々が知覚する子どもの行動は，その子どもが心に感じている世界の表現である。子どもの世界は，文字に記録するのが困難なような表情や小さな動作や，ことばの抑揚などに表出される。子どもの心の動きを，表出された行動を通していかに読み取るかという課題が保育者に課せられている」という視点をもつ必要があると指摘しています。

　見えていることがすべてではなく，もしかしたらそれは，その子どもの心のなかの一部が表現されているかもしれないと見ることは，専門職としての保育者の大切な仕事であるといえるのでしょう。

### ワーク1　事例から考えてみよう

　ここで，津守真[5)]の事例を紹介します。津守真と3歳児との関わりの場面で，りえちゃんの行動を考察し，津守が行った援助について考えてみましょう。

---

＊1　津守真（1926〜2018）は，発達心理学者でお茶の水女子大学名誉教授。学校法人愛育学園愛育養護学校で障害児の保育活動を行い，自ら子どもと関わる実践にもとづく保育研究を一貫して進めてきました。日本の幼児教育・保育の世界を築いてきた倉橋惣三の思想を受け継ぎ，ランゲフェルド（Langeveld, M, J.）らの人間学的教育学にも影響を受けながら，研究者としてのみならず保育者として生きるなかで独自の保育思想をつくりあげました。教育・福祉の根幹を問い続け，実践のなかで子どもたちとの出会いで試されてきたことが，津守の思想の独自性であるといえるでしょう。

**事例 1-1　りえちゃんとの関わり**

——◦——◦——◦——◦——※——◦——◦——◦——◦——◦——

（3歳女児）

　砂場の別の場所で，隣の組の女児が私の傍らに来て，砂をつかんで私の手に渡し，山のように積ませる。私は急がないで，少しずつ山にする。山を作ることを目標とするなら，どんどん山を作ればいいのだが，自分がそのことに気を取られたら，りえちゃんの気持ちから離れてしまうように思い，急いではいけないような気がして，ゆっくりと手を動かす。

**（設問）**

「急いではいけないような気がして，ゆっくりと手を動かす」とありますが，津守真はなぜこのような行動をしたのでしょうか。

# 2　保育者に求められる子ども理解

## ［1］子どもの発達の特性をふまえた子ども理解　◆━◃•◂━•◃•◂•◃━◂•◃━◂

　一人ひとりの子どもが，その子らしさを発揮しながら，発達に必要な経験を得ていく場としての幼稚園や保育所，認定こども園など，子どもが保護者から離れて生活する場では，子どもの生活する姿から発達を読み取ることが大切な意味をもちます。

　それでは，子どもの発達する姿は，どこから読み取れるでしょうか。「発達」というと，「歩くことができるようになった」「お箸を使って食事ができるようになった」などという表面に現れた現象だけに目を奪われがちです。しかし，何かができるようになったことだけに目が向いてしまうと，一方的に新しいことを教え込んだり，大人が必要と考える活動を次々に与えたりしていくだけの教育になってしまう恐れをはらんでいます。「発達」とは，何かができるようになることではなく，人格の全体に関わる深い意味をもつものとしてとらえなくてはならないのです。

　そして，子どもは自ら能動的に環境に働きかけて発達に必要な体験を重ねていくことによって，経験を得ていく力をもっているのです。したがって，子どもが発達しようとしている姿を読み取る目を身につけていくことが，保育者には必要なのです。

### ①年齢による発達差

　子どもにとって生まれてから1年間は，「1月違えばこんなに違う」といわれるぐらい発達差が大きい時期です。それだけにこの時期は，保育者は自分が担当している子どもが，乳幼児期のどの時期を生きているかによって，関わり方も大きく変わってきます。また，この時期はことばの発達も大きな差がある時期です。ことばに頼って子ども理解をすることは難しいことが多くあります。ことばだけに頼らないで，子どもが興味や関心をもって遊んでいる姿から内面理解を進めていく必要があるといえるでしょう。

　そして，子どもが保育者との温かな関係を基礎として情緒的に安定し，興味や関心をもったものや人に能動的に関われるように，保育者が援助していくことがとても大切です。

### ②個人差の理解

　乳幼児期は年齢による発達差が大きいと同時に，個人差が大きい時期でもあります。保育所などで子どもを見ていると，人間には生まれたときから個人差があることを実感させられます。人見知りの度合いや歩き始める年齢，ことばが表出される時期，環境の変化に対する反応など，いろいろな場面で個人差が認められます。

　個人差は，「それぞれの発達段階の差というよりも，周囲の環境による影響と子ど

もがもっている固有の性質などとの相互作用から，発達の仕方が質においても量においても一様ではないというとらえ方である」と定義できます。この差は，ほかの子どもと比較したときに明らかになるもの（個人間差）と，その子ども自身の能力や興味の差（個人内差）とがあります。保育者は，常にその両面を考えながら指導を展開する必要があります。

### ③子どもの発達の現状をみる

　保育者は子どもたちを前に，まず一人ひとりの子どもの発達の現状を読み取ることが求められます。子どもの個性的な発達をみるということは，目の前にいる子どもの発達の現状を読み取り，その子どもに今，またはこれから必要なものは何かを探ることにあります。

## ［2］一人ひとりの子どもの「思い」への気づきをふまえた子ども理解　━・━

　保育とは，子どもの「育ち」を願って行われる営みであり，保育者は子どもと関わるときに，「こうなってほしい」という「願い」を常にもっています。その「願い」と現実の子どもの姿の間に大きなずれがない場合は，子どもの姿を肯定的に見たり，共感したりしていくことができます。しかし，その「願い」と目の前の子どもの姿との間にズレが生じていて，なぜそんな姿が出てくるのかが見えにくい場合には，目の前の現実の姿を受け入れることが難しく感じてしまうこともあります。

　保育には，子どもに対して，自分を出しながら意欲的に世界と関わっていくような育ちを願いつつ，一方で，社会の一員としてルールを守りながら，他者と共に物事に取り組んだり，自己を抑制したりすることができるような育ちも同時に願うという，一見相反する両義的な側面があります。そして，このような両義的な目標をもつがゆえに，保育者の対応も「受け入れ・認める」働きと「教え・導く」働きという両義性の間で複雑な揺らぎを抱き込まざるを得ないのであることを鯨岡[6]は指摘しています。

　保育者が，目の前の子どもたちに，何を大切にしたいと思っているかという価値観が重要になってくるでしょう。価値観自体は人それぞれですし，そこに正解・不正解というものはありません。しかし，常にその「願い」が目の前の子どもの姿に即したものであるかどうかについて，子どもの側から問い直していこうとする姿勢が大変重要であると考えられます。

　ややもすると，その「願い」が「こうあるべきもの」と固定化してしまい，自分の価値観から「正しいこと」を「指導する（教え・導く）」対象として子どもを見てしまうようになります。保育者には，常に子どもの側に立って，子どもが見ているものを一緒に見ることによって，子どもの思いや内面を理解し，子どもにとって必要な経験は何かを探り，必要に応じて保育者の「願い」を再構成していくことができる柔軟さ

が求められます。

## 3　保育所保育指針にみる子ども理解

### ［1］保育者の仕事と子ども理解 ━•❥•━•❥•━•❥•━•❥•━•❥•━•❥•

　保育者の仕事は，基盤の部分に子ども理解があり，その上に以下に示す5つの業務があります。5つの業務とは，①保育の目標を設定する，②指導計画を設定する，③保育を準備する，④保育・指導・援助をする，⑤保育の評価をするです。ここでは，保育者の仕事について，保育所保育指針で求められている子ども理解から考えてみましょう。

#### ①保育の目標を設定する

　この設定にあたっては，保育所保育指針の第2章「保育の内容」の記述が最低基準となります。第2章に示された「ねらい」は，第1章1の（2）に示された「保育の目標」をより具体化したものです。子どもの経験したことや育ちの様子を踏まえて目標を設定することが重要です。

#### ②指導計画を設定する

　指導計画の作成においては，第1章の「3　保育の計画及び評価」の「（2）指導計画の作成」に「ア　…（中略）…子どもの生活や発達を見通した長期的な指導計画と，それに関連しながら，より具体的な子どもの日々の生活に即した短期的な指導計画を作成しなければならない」とあります。

　長期的な指導計画の作成で子どもの生活や発達を見通すためには，子どもの発達とその節目をとらえること，短期的なそれの場合に子どもの日々の生活に即するためには，子どもがどのようなことに興味や関心をもっているのか，どのように遊んだり，生活をしたりしているのか，何を楽しんでいるのかを知ることが必要です。これらのことが子ども理解にほかならないのです。

　同じく「イ　指導計画の作成に当たっては…（中略）…子ども一人一人の発達過程や状況を十分に踏まえる……（以下略）」とあります。そして，「（ア）3歳未満児については，一人一人の子どもの成育歴，心身の発達，活動の実態等に即して，個別的な計画を作成すること」「（イ）3歳以上児については，個の成長と，子ども相互の関係や協同的な活動が促されるよう配慮すること」「（ウ）異年齢で構成される組やグループでの保育においては，一人一人の子どもの生活や経験，発達過程などを把握し，適切な援助や環境構成ができるよう配慮すること」とあります。これらはいずれも，一人ひとりの子どもの理解にもとづく指導計画の作成を求めているのです。

また，「ウ　指導計画においては，保育所の生活における子どもの発達過程を見通し，…（中略）…子どもの実態に即した具体的なねらい及び内容を設定すること。また，具体的なねらいが達成されるよう，子どもの生活する姿や発想を大切にして適切な環境を構成し，子どもが主体的に活動できるようにすること」とあります。発達過程の見通し，実態に即したねらいおよび内容の設定，子どもの姿や発想を大切にした環境構成，子どもの主体的な活動には，子ども理解が基盤となります。

第1章3の「（3）指導計画の展開」には，「イ　…（中略）…子どもが望ましい方向に向かって自ら活動を展開できるよう必要な援助を行うこと」とあります。子どもが望ましい方向に向かって自ら活動を展開しているかどうかを理解する必要があります。また，「ウ　子どもの主体的な活動を促すためには，…（中略）…子どもの情緒の安定や発達に必要な豊かな体験が得られるよう援助すること」ともあります。子どもが主体的に活動しているかどうか，情緒が安定しているかどうか，必要な豊かな体験をしているかどうかを理解し，それを指導計画に反映させることが求められています。すなわち，子どもの育ちを踏まえて，期待を込めて計画を立てていくことが必要なのです。

### ③保育を準備する

教材研究や環境構成がここに含まれます。第1章「1　保育所保育に関する基本原則」に基づく必要があります。子どもの現在の姿から予想して保育を準備していきます。

### ④保育・指導・援助をする

実際に保育者が子どもと関わるのは，この業務のときです。そして，子どもと関わりながら，子どもの状況を判断して指導や援助を行っていきます。

### ⑤保育の評価をする

第1章3の「（4）保育内容等の評価」の「ア　保育士等の自己評価」には，「（イ）保育士等による自己評価に当たっては，子どもの活動内容やその結果だけでなく，子どもの心の育ちや意欲，取り組む過程などにも十分配慮するよう留意すること」とあります。ここには以下に示す3つのポイントがあります。

・ポイント1

評価することには，子ども理解が含まれます。また，評価することには，第1章3の（4）アの（ア）にあるように，保育者の専門性の向上や保育実践の改善も含まれます。

・ポイント2

子ども理解にあたっては，子どもの活動内容や結果をとらえる必要があります。ま

ずは目に見える活動内容や結果を客観的にとらえることから，子ども理解が始まるということです。「客観的に」とは，保護者や保育者以外の第三者にも正確に伝えられることが重要です。正確に伝えるためには，行動だけでなく，その行動が行われた状況や背景，環境などを同時に伝えるということです。そして，記録をするという習慣を身につけましょう。

・ポイント3

子ども理解を行動レベルにとどまらせるのではなく，子どもの心の育ちや意欲，取り組む過程など，子どもの内面のレベルにも焦点を当てるようにしましょう。

実際に子どもと関わり保育を行い，その保育を振り返り，子どもの姿に照らして，保育目標の達成度や指導計画の完成度，保育の準備の万端度，指導や援助の適切さなどの評価を行います。この「子どもの姿に照らして」の部分が子ども理解の部分にあたります。子ども理解は保育者の仕事の基盤となる部分であるといえるでしょう。


## ［2］保育の方法と子ども理解

2017（平成29）年に改訂（改定）された保育所保育指針，幼稚園教育要領，幼保連携型認定こども園教育・保育要領では，新たに「幼児期において育みたい資質・能力」「幼児期の終わりまでに育ってほしい姿」が定められました。

保育所保育指針の第1章「4　幼児教育を行う施設として共有すべき事項」の「（1）育みたい資質・能力」に「ア　保育所においては，生涯にわたる生きる力の基礎を培うため，1の（2）に示す保育の目標を踏まえ，次に掲げる資質・能力を一体的に育むよう努めるものとする」とあります。

　ここでいう育みたい資質・能力とは，3つの側面があり，「資質・能力の3つの柱」といっています。1つめの柱「知識及び技能の基礎」は，遊びや生活のなかで何かに気づいたり，理解したり，できるようになったりすることです。2つめの柱「思考力，判断力，表現力等の基礎」は，調べたり，試したり，考えたり，伝え合ったりすることです。3つめの柱「学びに向かう力，人間性等」は，5領域のねらいに示された心情，意欲，態度が育つなかで生まれる力のことで，思いやりや自信，相手の気持ちの受容，好奇心や探求心などのことです。

　「（2）幼児期の終わりまでに育ってほしい姿」は，養護や教育に関わる「ねらい」や「内容」にもとづいた保育活動に育まれた卒園を迎える年度に見られるようになる子どもの具体的な姿を示したものです。

　では，上記で示された枠組みは，子どもの理解にどのような意味をもつのでしょうか。第一に，乳幼児期を通して卒園までに育ってほしい姿が明確にされたことで，今まで以上に発達や生活の連続性を意識して子どもを理解することが期待されます。「育ってほしい姿」とは，卒園を迎える年度に突然見られるようになるわけでなく，それまでの保育の積み重ねが必要であり，保育のつながりを考慮した視点がより求められるのです。

　第二に，卒園児の子どもの姿や育みたい資質・能力が明確にされることは，小学校への接続を意識したもので，小学校教員との間で子どもの理解を共有する際に役立つはずです。共通した枠組みがあることにより，乳幼児の姿をイメージしたり，話し合いを行ったりするきっかけになると考えられます。

　ここで注意しなければならないことは，「幼児期の終わりまでに育ってほしい姿」は，あくまでも育ってほしい姿であり，到達すべき目標ではないということです。子どもは一人ひとりの特性に応じて発達していくため，すべての子どもが同じ時期に同じ状態になるということではありません。保育者が日々展開する子どもたちの生活や遊びの積み重ねを大切にすることで，おのずと子どもたちに育ってほしい姿が身についていくと考えられます。

　また，保育所保育指針の第1章「1　保育所保育に関する基本原則」の「（3）保育の方法」に「オ　子どもが自発的・意欲的に関われるような環境を構成し，子どもの主体的な活動や子ども相互の関わりを大切にすること。特に，乳幼児期にふさわしい体験が得られるように，生活や遊びを通して総合的に保育すること」とあります。

　この記述のなかで「乳幼児期にふさわしい体験」が保育において子ども理解が求められる理由であると考えられるでしょう。このことを踏まえ，「乳幼児期にふさわしい体験」を子どもたちに保証するためには，一人ひとりの子どもが今，何を体験しているか，その体験が充実した体験となっているかについて見極める必要があるでしょう。充実した体験とは，環境に自発的，意欲的に関わり，主体的に活動し，楽しんで生活したり，夢中になって遊んだりしていることが前提となっていることが必要です。

「乳幼児期にふさわしい体験」を保障するとは，保育者が望ましいと思う活動を子ども全員に一律に求めていくことではありません。砂場で一緒に遊んでいるからといって，クラス全員が同じことを経験しているわけではありません。一人ひとりの子どもの経験を踏まえ，その経験の上に新たな経験が積み重なるように，環境を構成したり，必要な経験を見据えたりして，それに応じた援助をしていくことが必要となってきます。

　このように一人ひとりを深く理解することは，対象となる子どもの「その子らしさ」を大切にすることです。その際，保育者には子どもの行動や動き，表情などの非言語的な情報をていねいに感じ取ることが求められます。

## ワーク2　事例から考えてみよう

### 事例 1-2　入園式

（4歳児クラス）

　3月末に新年度のクラス割りがありました。新採用の佐藤先生は，4歳児クラス（梅組23名）の担任になりました。はじめて担任するクラスのことで頭がいっぱいの佐藤先生は，早速名簿を見ながら準備を始めました。靴箱の名前や，道具箱入れ，ロッカー，タオルかけなど，いろいろなところに名前シールを貼っていきます。

　さらに，23名中新入園児が14名で，残りの9名は3歳児からのもちあがりの在園児で，園には慣れています。入園式での新入園児と在園児との取り扱いをどうしたらよいか考えましたが，はじめての経験でどうしたらよいのかわからず，先輩の保育者に聞いてみることにしました。

　すると先輩の保育者は，「入園式の日とその翌日は，新入園児だけだから大丈夫よ。在園児は入園式の2日後から登園してくるのよ」と教えてくれました。

**（設問1）**

佐藤先生が就職した園では，入園式は新入園児だけが参加して行われているようです。どうして新入園児と在園児を分けているのでしょうか。その理由を考えてみましょう。

## 靴箱に名前を貼る意味（4歳児クラス）

　佐藤先生は，別の園に就職している友人の川口先生に今準備している靴箱の名前シールのことを話しました。すると，川口先生の園では靴箱に名前は貼っていないといいます。

**（設問2）**

川口先生の園では，靴箱に名前を貼らないのはなぜでしょう。

**（設問3）**

名前を貼ることによる利点と欠点をまとめてみましょう。

## 事例 1-3 散歩に行く

___・___・___・___・___・___❀___・___・___・___・___

（1歳児6月）

「さきちゃん，散歩に行こうか？」と保育者が声をかけると，いつもは何となく歩いているさきちゃん。この日も保育者と一緒に部屋を出てテラスに座りました。この日の目はいつもと違い何かを見ているようだったので何も言わずに見守りました。

さきちゃんは，先に出ていたゆかちゃんが歩いている姿や外の雰囲気を見ていました。それから，さきちゃんの目が自分の靴に向き，自分から靴に足の指先を入れ，足首を指先で動かし，"靴を履くんだ"という気持ちが伝わってきました。保育者が手伝いながら靴を履くと，最後に人差し指でマジックテープの上をギュッと押してニコニコしていました。

---

**（設問4）**

この事例から読み取れるさきちゃんの発達の現状を示し，さきちゃんに今必要なことは何か，またこれから何が必要か考えてみましょう。

---

**［さらに学びを深めるために］**

> ・アドルフ・ポルトマン，高木正孝訳『人間はどこまで動物か ―新しい人間像のために』（岩波新書）岩波書店，1961

著者のアドルフ・ポルトマンは，1897年にスイスのバーゼルに生まれ，動物学，とくに鳥類の胎生学や比較発達学を中心に研究を続けた研究者です。彼は動物を「巣に座っているもの（就巣性）」と「巣立つもの（離巣性）」とに分けました。霊長類は元来「巣立つもの」であり，この観点から生まれたばかりのヒトの新生児を見るとどうでしょうか。自力では動くことができず，おっぱいに近づくことも，食べることもできず，全面的に親に依存しています。生後1年を経て，ヒトはやっと歩き始め，言葉らしきものを介してコミュニケーションを図り，意思表示するようになります。すなわち，ヒトは出生後1年間，母親の保護のもとで養育される仕組みになっています。このことをポルトマンは「生理的早産」と名づけています。

このような人間の特殊性を，ポルトマンは人間を動物学的な見地から眺め，また心理学的，社会

学的，歴史学的，さらには哲学的にも言及を重ね人間を考察しています。「人間とは？」「自分とは？」という永遠の課題に対して，何らかのヒントを与えてくれる書物といえるでしょう。

**［引用文献］**
1 ）アドルフ・ポルトマン，高木正孝訳『人間はどこまで動物か　―新しい人間像のために』（岩波新書）岩波書店，1961
2 ）ジョン・デューイ，市村尚久訳『経験と教育』（講談社学術文庫）講談社，2004
3 ）ジョン・ボウルビィ，黒田実郎他訳『母子関係の理論Ⅲ　対象喪失』岩崎学術出版，1981
4 ）津守真「発達の見かた」日本幼稚園協会『幼児の教育』第71巻第11号，フレーベル館，1972，p.83
5 ）津守真『保育の体験と思索　―子どもの世界の探究』大日本図書，1980，pp.5-6，pp.46-47
6 ）鯨岡峻『〈育てられる者〉から〈育てる者〉へ　―関係発達の視点から』（NHKブックス）NHK出版，2002

第 **2** 章

# 子どもに対する関わりと共感的理解

## **1** 保育における共感的理解

### [1] 「保育」の中心にある子ども理解

　保育で大切にしたいこと，大事なことは何かと問われたら，多くの人が一人ひとりの「子どもを理解する」ことと答えるのではないでしょうか。保育は子どもと保育者との関わりによって成り立つ営みであり，保育者にとって，子どもを理解することは基本的な行為です。どんなにすばらしい環境や，立派なカリキュラムが用意されていたとしても，そこにあるべき子ども理解を欠いて保育は成立しないでしょう。

　保育者は，子どもたちが家庭でどのように育ってきたのか，どのような発達の状態（段階）にあるのか，何に興味や関心をもっているのか，園の生活に慣れたか，困っていることはないか，遊びへの取り組みはどうか，仲間との関わりはどんな様子か，などといったことから，一人ひとりの子どもをみていきます。子ども理解は「保育」という営みの根幹です。

### [2] 子ども理解の諸相

#### ①子どもを「知る」

　ひと口に「子どもを理解する」といっても，その「理解」のありようはさまざまです。例えば，クラスの活動中に突然大声を出す，すぐに友達に手が出るといった行動特性をもつ子どもに対して，「○歳にしては，情動のコントロールがうまくできないな」とか，「まわりの子どもに比べて衝動性が高いな」といった理解があるでしょう。そのような理解は，発達の科学で描かれる平均的・標準的な○歳児像や，クラスのなかでの相対的な比較から導かれる感触に拠っています。また，場合によっては，その衝動性を発達障害の特性としてとらえるということもあるかもしれません。これらは，いくらか俯瞰的な，一般化された発達の姿にもとづく常識的，知識的な理解といえる

でしょう。

　保育者にとって，人間の発達の法則や道筋に関する知識は，個人の経験や信念のみに頼りきるのではなく，体系立てられた理論を背景に，発達の見通しをもちながら子どもを理解していく上で，また子ども理解に関わる共通の概念や議論のフレームを与えてくれるという点で重要です。

　ただし当然ですが，教科書どおりの「平均的」「一般的」な子どもなどは，実際には存在しません。また，クラスでもそのときどきの構成メンバーによって，目立つ子どもの姿は異なってくるでしょう。子どもの発達や育ちに関わる理論を学ぶほどに，具体的な事例を知るほどに，目の前の子どもについてわからないことやさらに知りたいことが浮かんできて，「もっと勉強しなくては」と感じるのではないでしょうか。自分自身の知識の欠如を認めて，目の前の子どもを何とか理解したいと思い，子どもを「知る」ための努力を重ねていくことは，その子どもに通じる径路を増やし，広げることになります。

　一方で，子ども理解のための科学的，専門的知識が，先入観や予断，予定調和的な見方につながる可能性があることを意識しておく必要があります。例えば，子どもとの関わり方に悩んで，時間的にも精神的にも余裕のないときほど，自分の思い込みを支持する情報や都合のよい情報を集めていないでしょうか。関わりがうまくいかないことを子どもの発達の遅れや障害のせいにしたくなることはないでしょうか。あるいは「科学的」「専門的」という言葉に頼り，自分自身が感じ，考えることを止めてしまっていないでしょうか。

　私たちは，このような自らの子ども理解のあり方を絶えず点検し，注意深く子どもの世界の現実をよく観て，科学的，専門的知識に「まどわされずに」自分自身の子どもの理解に「すっきりと得心がいくのか」どうか判断していくことも求められると思います。それは，生き物としての人間がもつ「直感」的な理解というか，立場は違っても共に生きるなかで伝わってくるものを大事にするということです。次の項ではそのような理解を取りあげます。

### ②その子の今を「感じる」

　倉橋惣三[*1]の『育ての心』のなかに「こころもち」[1)]という有名な短文があります。保育関係者なら誰もが一度は読んだことのあるのではないでしょうか。日々さまざまな思いを抱える子どもたちの傍らにいて，子どもの心と，その心に触れる保育者のあり方について述べたものです。

　　　子どもは心もちに生きている。その心もちを汲んでくれる人，その心もちに触

---

[*1]　倉橋惣三（1882～1955）は，東京女子高等師範学校（現お茶の水女子大学）教授兼附属幼稚園
　　主事として，実践を基盤とする理論構築を行い日本の幼児教育の基礎を築いたとされる教育者。

れてくれる人だけが，子どもにとって，有難い人，うれしい人である。

　子どもの心もちは，極めてかすかに，極めて短い。濃い心もち，久しい心もちは，誰でも見落とさない。かすかにして短き心もちを見落とさないひとだけが，子どもと倶にいる人である。

　心もちは心もちである。その原因，理由とは別のことである。ましてや，その結果とは切り離されることである。多くの人が，原因や理由をたずねて，子どもの今の心もちを共感してくれない。結果がどうなるかを問うて，今の，此の，心もちを諒察してくれない。殊に先生という人がそうだ。

　その子の今の心もちにのみ，今のその子がある。

　子どもの「心もち」を理解しようとする保育者に求められるのは，児童心理学者のような分析的まなざしや理論的説明ではなく，「味わい感じる」ことと説明されています[2]。それでは保育者は，いかにして倉橋のいう「子どものかすかにして短き心もち」を「味わい感じる」ことができるのでしょうか。保育現場の事例[*2]をもとに考えてみましょう。

---

### 事例 2-1　一緒にがっかりする

───◦───◦───◦───◦───❋───◦───◦───◦───◦───
（年長組担任の振り返りより）

　年長組のモトキは発想がユニークで「いいこと思いついた」とひらめきを皆に披露したりする一方で，些細なことでパニック状態に陥って，一日に何度も泣いたり叫んだりします。「やりたくない」「○○のせいでできない」とクラス全体の活動に参加しないことが多く，担任のサオリ先生は，時間を見つけてはモトキの想像を題材に一緒に遊びながら，個別のやりとりのなかでモトキに届く言葉や関わりを探し続けていました。

　秋になり11月の発表会で年長組は，子どもたちの発案で創作劇をやることになりました。「オレ，絶対ライオンの王子！」「ワタシ，キリンやる！」と，それぞれに役のイメージを膨らませている子どもたち。配役を決める話し合いで，モトキは幕開き直後に長台詞のある王様役に決まりました。

　ところが，いざ台詞の練習になると，モトキのところで止まってしまいます。顔にはさほど緊張の色はなく，今にも台詞が口をついて出てきそうなのですが，モトキ独

---

*2　事例2-1は，ある認定こども園の年長クラスにおいて，筆者らが行った観察および聴き取り調査で収録したものである。エピソード記述については，保育実践の内容と心に残った出来事について主担任保育者に自由に語ってもらい，筆者が語りのなかに登場した人物の様子やその場の状況などについて補足的に質問しながら，対話的に共同生成した。

特のタメの長い間合いで，どこまで覚えているのかいないのか，サオリ先生にもよくわかりません。待ちきれずに，仲間が横から「王様だよ」と促すと，「うるさい，わかってる！」と泣いて怒ります。

　次の日は，前の日よりも長く，モトキの台詞が出てくるのをみんなで待つのですが，やはり台詞はでてきません。大人びたところのあるケンがあきれたように「そんなにゆっくり言わなくていいんだよ，スラスラ言っていいんだよ」とはっきり言ってしまいます。それを聞いたモトキは「ギャー」と叫び，「嫌なことを言った」と大泣きで，もう練習どころではありません。

　発表会本番までカウントダウンが始まっても，モトキの台詞は上達が見られませんでした。サオリ先生のなかでも，このままでは劇が完成しないのではないかという思いがちらついてきて，あの手この手といろいろ働きかけてみるのですが，モトキには届きません。いよいよ総練習が近づいてきて，ほかの子どもたちにも不安の色が濃くなったある日，サオリ先生は台詞を暗誦するのではなく，手紙にして読みあげる演出を提案してみたりもしました。モトキの反応は「そんなもの必要ない！」と断固拒否。かといって，台詞は出てこず，からかっていたクラスの仲間も心配そうに見ています。

　練習のあと，床に座り込んで両ひざの間にがっくりと肩を落としているモトキ。サオリ先生もモトキの横に座ります。「うまくいかなかったね」，それ以上の言葉は続きませんでした。なぐさめや提案の言葉はためらわれて「ふう」と息を吐くと，モトキも小さく息を吐いたように見えました。何となく，二人でただ一緒に「がっかり」することが大事なことのように思えました。

　後日，サオリ先生に聞いたところによると，先生自身も，担任として劇が完成しないかもしれない不安や焦りから，モトキへの援助をさまざま試みてみたけれどうまくいかないし，なかば開き直って，ただただ「困ったねぇ」という気持ちで，黙ってモトキの隣に座っていたのだそうです。このときの先生は，もはやモトキに何かを受け

入れるように説得する人ではなく，モトキを支えきれないふがいなさに，がっかりしている一人の人間です。膝の間に顔を埋めてうなだれているモトキの全身から感じられる，悔しくてやるせない，何ともいえない落胆。「ふう」と息を吐いて，がっかりしている人間どうし，肩を寄せ合っていると，そのうち不思議と「何とかなるさ」という気持ちも湧いてきたといいます。それに同期するようにモトキも立ちあがり，帰りの支度を始めたそうです。

　ここでサオリ先生とモトキに起こったことは，日常の対人関係のなかで「共感」と呼ばれる事態だと思いますが，その成立機序についてあえて説明を試みると，次のようになります。

　この場面では，サオリ先生がモトキの情動を身体感覚的に感じ取り，おそらくそれに「応じる」かたちで，モトキの情動を共有することが生じています。つまりモトキの全身の様相がサオリ先生に浸透する結果，サオリ先生に「モトキの気持ちが伝わる，感じられる」事態が起こり，「先生にもわかるよ，感じるよ」という「応じる」関与になっていったと思われます。そのようなサオリ先生のあり方に，意図的でなかったかも知れませんが，未分化なものであってもモトキによって何らかの応答がなされ，それに対して再びサオリ先生が応答していくことにつながっていくという，互いに「通じ合う」関わりがもたらされたと考えられます。サオリ先生が一方向的に「共感的に理解した」ではなく，「共感的理解が生まれた」と呼ぶべきでしょう。

　この頃の実践を振り返りながら，サオリ先生は次のように語っています。

　　「何が問題なのか，どうしたらできるようになるのか，なぜ，どうしてって考えてるばかりだと，うまくいくことばっかりじゃないですから，だんだん苦しくなってきます。モトキが『ギャー』ってなると，モトキのためにもまわりのみんなのためにも早く落ち着かせなきゃって，とにかく今，解決したくなるんです。でも，そうなると，ますます，ギャーってなってしまうんです。…（少し間があって）…保育って，励まして，頑張りを認めて，意欲につなげていくってよく言われますけど，そればっかりじゃないなって。」

　子どもでも大人でも，相手から何かを求められると身構えてしまうことがあります。このときのモトキとサオリ先生のように，援助される側と援助する側という立場を超えて，一人の「悩みを抱えて生きる存在」として寄り添えたことは，「共感的理解が生まれる」重要な鍵の一つであるように思われます。サオリ先生の指導的・援助的な働きかけではなく，自由な心の動きが，かえってモトキに届き，モトキの心の動きと響き合っているようにみえます。子どもを理解するとは，一方的な行為ではなく，関係のなかで展開する相互的な事態なのです[3]。

　とはいえ，未熟な子どもと保育者の関係では，大人である保育者の関わりが重要に

なることも事実でしょう。子どもはありのままの自分を受け止めてもらえることの安心を味わい，保育者への信頼を拠りどころとして，その子らしさを発揮しながら周囲の環境に対する興味や関心を高め，その活動を広げていきます[4]。つまり，保育実践においては，子どもを守り支える養護の側面と，乳幼児期にふさわしい経験が積み重ねられていくように働きかける教育の側面とは一体的に展開されていき，そこでも子ども理解が核になります。次節では，そのことについて，さらに実践現場の事例をとおして考えます。

## **2** 子ども理解に基づく養護と教育の一体的な展開

　ここではある保育者の実践報告[5]をもとに，保育者がどのように子どもを見て，子どもの情緒の安定を図りながら，担任として願いをもって働きかけたり誘いかけたりしているのかについてみていきます。

### 事例 2-2　マキ先生とコウスケ（1）

───◦───◦───◦───◦───❀───◦───◦───◦───◦───◦───

〈背景〉筆者が担任保育者より聞き取ったもの

　4月，3歳児入園のコウスケは，朝の会が始まると着席はするものの，しばしばキープしている黄色いミニカーを自分の手元に置いておかないと不安になる姿があった。他児が近づくとすっと離れて行ってしまい，年少クラスのなかでは何となく居場所が定まらずにいた。兄が年中クラスにいて，自由遊びの時間になると兄のクラスに行ってしまうことが多い。5月に入り，春本番，年少クラスの子どもたちが外遊びを楽しむようになっても，コウスケは一人室内に残り，ミニカーを走らせたりしている。担任のマキ先生は，まずはコウスケが安心感をもってクラスで過ごせるようになってほしいと思いながら，一緒に遊ぶ時間をつくるようにしていた。

●ツノがほしい（5月15日）

　子どもたちの降園後，一日の振り返りをしながら保育中の記録写真を見ていると，そのなかの一枚に2本のペットボトルを頭に当てているコウスケを発見した。「恐竜のツノかな」と思った(1)。

　次の日，コウスケにペットボトルを手渡して「頭につける？」と聞くと，「うん！」と弾むような返事があった(2)。「どうやってつけようか？」と頭用のベルトを用意すると，コウスケは「ここにこうして……」とアイデアを出してきた。できあがったものを頭に着けると，「トリケラのツノ！」と宣言して，恐竜になりきって遊戯室のほうへ向かっていった。その次の日は，「これ見て！」と恐竜の絵本を差し出して「こ

れがトリケラトプスさ，ツノが２本でしょ」と教えてくれた。

（辻理恵「自分だけのもの　—３歳児の保育実践から」『平成29年度北海道教育大学附属旭川幼稚園研究紀要』2017，pp.10-17）

**ワーク1**　事例から考えてみよう

---

**（設問１）**

下線（1）マキ先生にはなぜこのように思えたのでしょうか。

---

**（設問２）**

下線（2）マキ先生の行為やことばは，このときのコウスケにどのように経験されているでしょうか。

　コウスケの兄がいる年中組では，数日前から恐竜ごっこが盛りあがっているのをマキ先生は知っていました。3歳児クラスの担任として，新入園児のコウスケにとってまずは安心できる居場所をどこにどのようにつくることができるか，より安心感を与える関わりの手がかりを探っているなかで，兄たちの様子を少し離れたところからじっと見ているコウスケの姿があったからです。兄たちの遊びに加わりたいと思っていても，そこへ自らを強く押しこんでいくほどの積極性はコウスケにはないようでした。

　その日，一日の出来事を振り返りながら，一人ひとりの子どもについて想起されることを保育記録に書き留めていたときに，写真ではフォーカスされていなかったコウスケに視線が釘づけになります。何か気づくべき意味があるように感じたのは，いうまでもなくマキ先生がコウスケの微かな思いや希望をすくい取ろうと絶えず探りながら，理解しようと試みていたからでしょう。保育の最中は強く意識化されることなく過ぎた一場面で，コウスケに最初から恐竜のツノのイメージが明確にあったどうかはわかりません。コウスケのなかに生まれたイメージの萌芽は，マキ先生に受け止められて，具体的な形や動きのあるものとして展開していきます。

　翌日，「（恐竜のツノ）頭につける？」とペットボトルをマキ先生から差し出されたときのコウスケは，それまでとは異なるうれしそうな表情で応答しています。コウスケの心の琴線に触れた瞬間です。このとき，コウスケはマキ先生から見られる経験，大切にされる経験をしているといえます。他者からの注目というのは，私たちの発達に特別な意味があるようです[6]。このような経験の積み重ねが，保育者への安心感や信頼につながっていくと考えられます。

　この事例のあと，コウスケはマキ先生と工作遊びを楽しむようになります。乗り物絵本を指さしながら「せんせい，これ見て」「これつくりたい」と伝えるようになり，3歳児クラスの部屋で自分の好きな遊びに熱中することができるようになっていきました。もっとも，同じクラスの仲間が，コウスケが使っているモノに触れようとすると，強い声で「ダメ」と警戒を露わにすることもあります。そんなとき，マキ先生はそれぞれの子どもの意図や気持ちを受け止めつつ，仲間の存在についても互いに認め合えるようになってもらいたいと思いながら，代弁するような関わりを続けました。次の記録は約3か月後のものです。

---

### 事例 2-3　マキ先生とコウスケ（2）

――◦――◦――◦――◦――❀――◦――◦――◦――◦――

●つくったものをみんなで（8月23日）
　暑い日で，年少クラスのポーチ横には簡易プールを用意していた。好きな遊びの時間になると，子どもたちは次々にプール遊びの格好になって，浅く張った水の感触を

おのおの楽しみ始めた。

　コウスケはというと，外の仲間の水遊びに関心を示す様子はなく，最近お気に入りの工作の本をもってきて「何かつくる」とページをめくりだした。自分は，プールの子どもたちのことも気になっていて，コウスケと「これつくる？」「うーん，難しそうだねー」などと話しながら，「プールで遊べるおもちゃはないかな？」とつぶやいてしまった（傍点は筆者）。

　大小のペットボトルとストローをつなげてつくるオモチャをコウスケが見つけ，「ここにお水いれてさー，いいよね！」と乗り気になった。コウスケは慣れた手つきでビニールテープやガムテープを器用に使い，「ガムテープは最強だから！」と自信満々に組み立てていった。

　水を入れて遊ぶオモチャができあがり，外のプールで使ってみるという成り行きになると，ほかの子どもたちが興味津々で集まってきて，使わせてもらいたがった。

　「みんなも使いたいみたいだけどいい？」と聞くと，コウスケは「ちょっとならいいよ」と応じた。まわりの子どもたちに「コウスケがつくったから大事に使おう」と伝えて見ていると，次々に大きいペットボトルに水を入れ始めた。一杯に溜まると，小さいペットボトルの蓋に開けた穴から水が勢いよく噴き出し，みんなが歓声をあげた。

（辻理恵「自分だけのもの　―３歳児の保育実践から」『平成29年度北海道教育大学附属旭川幼稚園研究紀要』2017，pp.10-17）

　この時点で，マキ先生のなかに，コウスケに対して仲間と共に過ごすことの楽しさも味わってほしいという切なる願いをみてとることができます。

　マキ先生は，目の前のコウスケの表情や言葉など全体から，水遊びより工作のほうに向いているコウスケの気持ちを汲みとり，「認め・支え」ながら，同時にコウスケとほかの子どもたちをつなぐにはどうしたらよいかを考えています。「『プールで遊べるおもちゃはないかな？』とつぶやいてしまった」とあることから，マキ先生のなかで

は，この関わりについて「本当にこれでよかったのか」という逡巡(しゅんじゅん)があるようです。

　保育者は，子どもの目に映る世界を共に見て，子どもの耳に届く声や音を共に聴く存在であろうとしながら，その見方や聴き方は間違っていないか，別のとらえ方はないか，自分は適切に行動したかという絶えざる注意と反省のなかで，いわば「核」として浮かびあがってくる実践の意味を探っています。

　先のマキ先生のつぶやきを導いたのは，コウスケと仲間の遊びをつなげたいというはやる思いだけでなく，お気に入りの工作の本のページをめくるコウスケの手のエネルギー，眼の光の強さなどから，二人のモノづくりの世界でコウスケが安心して自分の興味を発揮していること，そこに何らかの変化を許容する可能性を感じとれていたからではないかと思われます。だからこそ，コウスケの注目対象をぎりぎりまで拡げようという働きかけになったのではないでしょうか。

　このように保育者は，子どもがその文化における望ましい発達に向かうように援助しようとしつつ，同時に目の前の子どものありのままを受け入れてケアしようとする両義的な存在です。

　保育所保育指針には「保育所における保育は，養護及び教育を一体的に行うことをその特性とする」[7]いう文言が記されています。保育内容としての「養護」とは「生命の保持と情緒の安定」とくくられる内容であり，「教育」とは5領域としてまとめられる内容です[8]。鯨岡峻[9]は，指針でいう「養護の働き」は「認め・支える」ことであり，「教育の働き」は「教え・導く」ことであるとして，その働きの中身と実践におけるあり方について整理しています。以下は，筆者による要約です。

　　「養護の働き」は，かつて自分も子どもであった保育者と目の前の子どもの間に自然と共感が生まれ，子どもの思いを受け止める，子どもの存在を認めるという，子どもを優しく温かく包もうとする保育者の働きです。この「養護の働き」が子どもの保育者への信頼感を育むことにつながり，またそれが子どもの内部に跳ね返って子どもの自己肯定感になると考えれば，子どもの心を育てる上で重要な意味をもつことは明らかです。他方，「教育の働き」は，一歩先んじて大人になった保育者が，自分が育てられて育ったように，幼い子どもが一歩一歩大人に近づいてくることができるように，大人の願うことや期待することに向けて，誘い，促し，教え，導き，禁止や静止をし，ときには叱るというように働きかけることです（原書pp.53-54参照）。

　　そして，保育の営みに見られる二つの面は，いずれも本質的に重要な二本の柱として保育の営みを構成するものであるが，それぞれは，もっぱらの「認め・支える」でも，またもっぱらの「教え・導く」でもない，認め・支えながら教え・導き，教え・導きながら認め・支えるという，きわめて両義的なあり方が求められます。「養護の働き」を子どもに振り向けるときには既に「教育の働き」がそ

こから滲み出ていたり，もっぱら「教育の働き」を向けているように見えて，実は「養護の働き」が暗黙裡にそれを下支えしていたり，という意味で，二つの働きは切り分けられないのです（原書p.55参照）。

　日常の保育の営みを考えれば，「養護と教育の一体化」は何も特別なことではなく，ごく当たり前のことかもしれません。鯨岡のことばからも示唆されるように，教育的希望や見通しがあってこそ「養護」がその子どもにとって安心できるものになり，温かくていねいなケアがあってこそ「教育」の働きかけが子どもに届くものになるということです。

　だからこそ，子どもを「認め・支える」と「教え・導く」働きが，子どもと保育者の幸福につながっていくためには，その子どもの育ちについて保育者自身がもつ願いや期待が適切であるかどうか，全身の感覚を通して子どもに近づく理解がなされているかどうかが重要な意味をもちます。実践を常に省察しながら，子どもの「今」と「向かう先」の両方を見て，眼の前の子どもに何を言うべきか，言わざるべきか，何に気づくべきかを問い続けることが保育者には求められます。

　本章のまとめとして，以下の事例をもとに，担任保育者の子ども理解のありようについてあらためて考えてみましょう。

## 事例 2-4　サヨちゃんのねんど遊び

―― ・ ―― ・ ―― ・ ―― ・ ―― ※ ―― ・ ―― ・ ―― ・ ―― ・ ――

**3歳つぼみ組（4月25日）**

　4月1日生まれのサヨちゃんは，朝の自由遊びのなかで粘土を始めた。「何つくってるの？」の質問には答えず，ひたすらヘラで粘土をつっつくサヨちゃん。虫メガネは，ほかの子がもち出してきて，いつの間にかサヨちゃんの手に渡ることに。「大きく見える？」と質問したが，やはり答えず。ユキちゃんが「貸して」と頼んだが，取られそうだと思ったサヨちゃんは，泣きそうな顔で「いー！」と怒る。そして，じーっと虫メガネを見つめ続けた。

　3歳になったばかりのサヨちゃんから，言葉で，状況やそのときの気持ちを引き出すことは難しく，「何を」という問いを投げかけてしまったことで，遊びの妨げになってしまった。サヨちゃんが見た，虫メガネ越しの世界はどんな世界であったのだろう。

（辻理恵〔北海道教育大学附属旭川幼稚園〕2016年度3歳児クラス保育記録より）

## ワーク2　事例から考えてみよう

---

**（設問1）**

サヨちゃんを「知る」ためにどのような知識が役立ちそうですか。

---

**（設問2）**

サヨちゃんの今を「感じる」関わりとはどのようなものでしょうか。

---

　家庭とは異なる世界で，すぐに活発な動きを見せる子どももいれば，新しい環境に慣れるのに少し時間のかかる子どももいます。入園してまだ日も浅い，4月の3歳児クラスの担任の先生は，ことば，他者との関わり，粗大運動・微細運動などの発達の様子，入園式や登園・降園時に垣間見える家庭環境や親子関係など，まず一人ひとりの様子をていねいにみながら，子どもたちが園で安心して生活できるように関わっていきます。しかしながら，この事例のように，保育者の働きかけに対して，子どもの側に明瞭な応答が生じるとは限りません。それゆえ，通じ合うことを希求し，それに端を発する関わりが生まれるのでしょう[10]。

　保育者は，子どもを「知る」努力を基盤としながら，そこで立ちあがってくるさまざまな理解をいったん保留して，眼の前の子どもの今を「感じる」ところから，二人の間での子ども理解が始まります。理解の過程で，実際には「子どもの気持ちがつかめない」「あの関わりは適切でなかった」というような事態もしばしば生じ，そのことが子どもを見るその見方についての省察に向かわせてくれるのだと思います。

現象学的教育学を標榜するヴァン＝マーネン（van Manen, M）[11] は，実践の記述と分析によって「教育学的思慮深さ」を涵養することの重要性を説き，「子どもは本来寛容である」という考察において次のように述べています。

　　教師は，生徒との関わりにおいて，ときにまちがって行動したり，誤った判断をすることがある。しかし，重要な問いは，生徒たちは教師の行動をどのように経験しているかである。子どもたちに対して責任をとり，積極的にケアする教師は許されている。

保育実践の現場で生きる者にとって，戒めとも支えともなる言葉ではないでしょうか。

**［さらに学びを深めるために］**

> ・鯨岡峻『子どもの心を育てる新保育者論のために　―「保育する」営みをエピソードに綴る―』ミネルヴァ書房，2018

　「いつ，何を子どもたちにさせるか」という従来のカリキュラム的発想ではなく，子どもと保育者の動的関係性のなかで保育者が子どもの「心の動き」を感じ取って対応するところから，「保育する」という営みを捉えていくことの必要性が説かれています。

> ・ヴァン・マーネン，岡崎美智子・大池美也子・中野和光訳『教育のトーン』ゆみる出版，2003

　私たちは，保育が行われている場で，何が子どもにとって最善かを常に知っているわけではありませんし，善いと思われる方向に常に行為できるとも限りません。だからこそ，大人は自らの行為が子どもにとってどのような意味をもつのか（もち得るのか）について，省察を行う必要があることを具体的なエピソードを通して教えてくれます。

**［引用文献］**

1）倉橋惣三『育ての心（上）』（倉橋惣三文庫）フレーベル館，2008，p.34
2）倉橋惣三『就学前の教育』（倉橋惣三選集第三巻）フレーベル館，1965，pp.436-437
3）西隆太朗『子どもと出会う保育学　―思想と実践の融合をめざして―』ミネルヴァ書房，2018，p.49
4）厚生労働省『保育所保育指針解説』フレーベル館，2018，p.15
5）辻理恵「自分だけのモノ―3歳児の保育実践から」『平成29年度北海道教育大学附属旭川幼稚園研究紀要』2017，pp.10-17
6）Reddy, V..『How infants know minds.』2008，Cambridge, MA：Harvard University Press，p.90
7）厚生労働省『保育所保育指針』フレーベル館，2017，pp.4-6（第1章総則1保育所保育に関する基本原則（1）イ，2養護に関する基本的事項（1））
8）鯨岡峻『関係の中で人は生きる　―「接面」の人間学に向けて―』ミネルヴァ書房，2016，p.52

9）鯨岡峻，同上書，pp.53-54

10）鯨岡峻「コミュニケーションの成立過程における大人の役割　―乳児―母親および障害児―関与者のあいだにみられる原初的コミュニケーション関係の構造―」『島根大学教育学部紀要（人文・社会科学）』第24巻第1号，1990，pp.47-60

11）ヴァン・マーネン，岡崎美智子・大池美也子・中野和光訳『教育のトーン』ゆみる出版，2003，p.152

第 **3** 章

# 子どもの生活や遊び

## 1　子どもの生活と保育　―生活の場であるとは―

　保育所保育指針や幼保連携型こども園教育・保育要領，幼稚園教育要領の第1章の教育や保育の基本部分には，表1に示したように「生活」ということばが何度も使われています。しかし，小学校学習指導要領総則には，「生活」ということばは出てきません。このことから，子どもの日々の生活を通して教育・保育を行うという「生活」に，乳幼児期の保育の特性が現れているといえるでしょう。

表1　3つの施設における「生活」の表記

| 保育所保育指針 | 幼保連携型こども園教育・保育要領 | 幼稚園教育要領 |
|---|---|---|
| ・「保育所の役割」：入所する子どもの最善の利益を考慮し，その福祉を積極的に増進することに最もふさわしい生活の場でなければならない | ・「乳幼児期にふさわしい生活が展開されるようにすること」<br>・「家庭や地域での生活を含めた園児の生活全体が豊かなものになるように努めなくてはならない」 | ・「幼児期にふさわしい生活が展開されるようにすること」 |

（表中の下線は筆者による）

　子どもの一日の生活は，家庭と園とで連続していることを理解しておく必要があります。子どもは，家庭と保育の場を行き来して育っているととらえる必要があるということです。

　たとえば，園で楽しいことがあれば，家に帰っても体がウキウキと弾んできます。また，園で嫌なことがあれば，どうしたらよいかわからない思いを家庭で爆発させることもあるでしょう。子どもは園と家庭での気持ちを切り替えて過ごすことは，とてもむずかしいのです。子どもの気持ちと生活とはつながっています。家庭での生活は，子どもにとって自分一人でいられる大切な生活の場です。そして，園での生活は，家族以外の大人や同年齢，異年齢の子どもと関われる大切な生活の場なのです。

# 2　子どもの理解と基本的生活習慣の獲得

## ［1］基本的生活習慣 ◆━◆━◆━◆━◆━◆━◆━◆━◆━◆━◆━◆━◆━◆━◆

### ①基本的生活習慣とは

　乳幼児が自らの生命を維持するだけでなく，社会生活を営むうえで不可欠な毎日の生活を通して習慣化された行為のことです[1]。具体的には「食事」「排泄」「睡眠」「清潔」「着脱衣」の5つの習慣をさしています。保育所保育指針第1章1（2）のア（イ）にも「健康，安全など生活に必要な基本的な習慣や態度を養い，心身の健康の基礎を培うこと」と保育の目標として位置づけられており，基本的生活習慣の獲得は，子どもが就学するまでに身につけておくべき重要な発達課題の一つです。

　発達課題とは，個人が正常な発達をとげるためには各発達段階（胎児期・新生児期・乳児期・幼児期・児童期・青年期・成人期・老年期）において達成されることが期待されている課題のことです。発達課題は，人の発達において最低限達成されなければならない基本的な課題であり，もしその課題が達成されない場合，次の段階への移行が困難になります。

　本来，基本的生活習慣は，家庭で形成されるものです。しかし近年では，家庭での教育力の低下や保護者の価値観の多様化に伴って，保育所や幼稚園などの集団生活で担う部分が多くなってきています。

　「食事」「排泄」「睡眠」は，どの年齢でも人間が生き，毎日を元気に過ごすために最も重要なものです。これらの活動は，発達初期から乳児が人間社会で生きていくなかで変化をみせていくものでもあります。ヴィゴツキー（Vygotsky, L. S.）の発達理論[2]では，食事も睡眠も乳児が生まれつきもっていた「自然的発達」が，子どもが人間の社会に参入することで大人や保育者との関わり，そして援助のなかで「文化的発達」として変化を遂げていくことが指摘されています。

　たとえば，「夜泣き」が続いていた子どもが，次第に大人の生活時間のなかで過ごすうちに昼間に起きている時間が長くなり，逆に夜間の睡眠時間が長くなってきます。あるいは，食事でも箸やスプーンという道具を使った食事ができるようになりますが，ここにも親や保育者の援助によって，この文化的道具を自分のものにしていくようになります。文化的発達による人間の大きな成長が，ここで可能になっているのが，大人との関わりを通してということです。

　ただし，どんな習慣をどのように実践するかは，文化的な要素を多分に含んでいます。たとえば，「手で食べる」か「道具を使って食べる」かは，文化的要素を多分に含んでいます。また，「スプーンを使って食べることがまだ難しいため，手で食べる」というように，子ども自身の発達状況によっても，どのような生活習慣をいつごろ身につけていくかは変化します。

上記のようにいわれていますが，基本的生活習慣の発達に関するおおよその自立目標は，どの文化においても設定されています。「食事」においては，食事のためのいろいろな道具を使うことを徐々に学びながら自立を実現していきます。また，離乳も1歳代の大きな変化の一つです。

### ②基本的生活習慣の確立

　保育所保育指針第2章2の（1）アには，1歳以上3歳未満で「歩き始めから，歩く，走る，跳ぶなどへと，基本的な運動機能が次第に発達し，排泄の自立のための身体的機能も整うようになる。つまむ，めくるなどの指先の機能も発達し，食事，衣類の着脱なども，保育士等の援助の下で自分で行うようになる」とあります。『データでみる幼児の基本的生活習慣』（第3版）[3] に示された「箸を使用して，一人で食事ができる」「排尿が自立し，パンツをとれば排便ができる」「脱衣が自立し，前ボタンをかけ靴下をはくなどの着衣ができる」「食前に手洗いができる」といった生活習慣が，3歳では7割以上の子どもに見られるようになります。

　このように3歳ごろまでに，生活面で子どもが自分でできることが次第に増えてきます。ただし，完全に生活習慣が身についたわけではなく，まだまだ大人の手助けが必要な時期であるということを忘れてはいけない時期なのです。また，昨日は一人で着替えができたのに，今日は気分がのらず，いつまでたっても一人ではできないというように，場面や状況に影響されることが大きいこともこの時期の特徴です。その上に，子どもの自身の特性や発達状況も関わっていることを考えると，自分一人ででき

る子どもとできない子どもの個人差が大きい時期でもあります。

　上記のことを踏まえて，子どもに関わる大人や保育者は，「できる―できない」といった行為の結果だけに注目するのではなく，子どもが自分でやろうとするまで待つ，さりげなくヒントを与えて手伝うといった援助が重要となります。

## ［2］基本的生活習慣獲得の援助　●-•-◆-•-◆-•-◆-•-◆-•-◆-•-◆-•-◆-•-◆-•-

### ①食行動の自立

　まず，子どもの食行動の自立について，子どもと保育者とのやりとりを具体的に考えていきましょう。基本的生活習慣のなかでも食事は，人間にとって生きていくために欠かせない文化的行為の一つです。食事をすることは，栄養補給という食べること自体が目的とされることのほかに，何を食べるか，誰と食べるかなど，文化として食を楽しむということも目的となります。しかし，自ら文化的に食を楽しむことは，食行為を獲得しなければ難しいことです。では，子どもは食行為をどのように獲得していくのでしょうか。

　離乳食の開始時期にある子どもと保育者の食事場面を観察した結果，子どもが食行為を獲得するまでに4つの段階があることが明らかになりました[4]。

#### ・第1段階：保育者に食べさせてもらう段階

　子ども自身の手や指を使わなくても，決して受動的に食事をしているわけではありません。子どもは食べ物が口元に運ばれると，食べるという意志のもとに，自ら口を開け自分で食べ物を取り込みます。反対に，子どもが食べたくないという意志をもっていると，口を背けたり，手で押しのけたりして食べることを拒否します。このように，自分の手を使用して食べることができなくても，子ども自身が主体的に食事をすることが可能なため，保育者は子どもが自分で食べ物を取り込もうとする主体的行動を引き出すように援助しなければなりません。

#### ・第2段階：癒合的身体関係における摂食の段階

　子どもは自分の手を伸ばし，保育者の手首や保育者が使用しているスプーンを握るようになります。保育者の身体動作と一体になった形で，自分のしたい行為を可能にしています。自己を形成していく基盤になるのは，この時期の保育者と一体となった間身体的経験が重要です[5]。また，この時期は，子どもが道具と出会っていく時期でもあり，自らの手を使って食べることを行う時期でもあります。

#### ・第3段階：能動的摂食への移行期

　この段階は，子どもが自ら自分のスプーンをもつようになります。しかし，自分で

スプーンを使ってじょうずに食べ物を口に運ぶことは難しいため，保育者は必要に応じて子どもの手の上に自分の手を添えながら，協働的に食事を進めていきます。すなわち，保育者は子どもの食行為において補助的な役割を果たしています。このように，子どもの食行為に合わせた援助をしながら，自他分離までゆっくりと移行を進めていきます。

**・第4段階：能動的摂食の段階**

　この段階は，子どもがほぼ自分で食事をする，すなわち食行為の獲得に達していく段階です。しかし，子どもは完全に行為を獲得したわけではありません。肘のあげ方や手首を使うことが困難なことから，ときには食べ物をじょうずに口まで運ぶことができないことがあります。子どもが自分で食べるという意志をもっているときには，保育者が子どもの手や腕を操作して食べさせるのではなく，子どもが今もっている力を最大限に使いながら援助していくことが大切です。

　自分一人ではできないが，保育者に援助してもらってできるようになることは，ヴィゴツキーのいう発達の最近接領域[6]への働きかけであり，協働的に行う保育者の援助が少しずつ減少し，子どもが食行為の自立へと向かうのです。この保育者の援助は，子どもの心の動きを捉えながら行わなければならないということがわかると思います。子どもの欲求と保育者の援助が一致することが，子どもとの適切なコミュニケーションを生み出すことにもつながるでしょう。

　上記の4つの段階を経て食行為の獲得が完了するころ，子どもの身体運動発達は巧みになります。たとえば，食器をもちながらスプーンを使うという複雑な行為も獲得できるようになります。この次の段階では，同じテーブルで食事をしている子ども同士で，共に同じものを口に入れて微笑んだり，「おいしいね」と共感したりする姿も見られるようになります。これが，共食であり人間がもつ文化的行為[7]の一つなのです。

**②保育における睡眠**

　保育所保育指針第1章1の（2）（ア）に「十分に擁護の行き届いた環境の下に，くつろいだ雰囲気の中で子どもの様々な欲求を満たし，生命の保持及び情緒の安定を図ること」と明記されています。子どもは信頼する保育者のもと，安心できる空間（環境）のなかで，生活が守られ（生命の保持），情緒を安定させていくのです。子どもにとって，日々の暮らしは穏やかで落ち着いた安定したものでなければなりません。

　次に，保育における睡眠について考えてみましょう。保育における睡眠は，子どもがいきいきとした活動を支える重要な時間です。0歳児は一日に数回睡眠をとるため，保育所においても午前と午後に睡眠をとる場合があります。1歳以降になると，夜以

外の睡眠は一日1回で機嫌よく生活ができるようになります。年齢や体調によって睡眠時間を調整しますが，夜の睡眠に影響を与えないように遅くても午後2時半ぐらいまでには目覚めていることが望ましいでしょう。

　保育所での睡眠は，子どもが午前中の活動で疲れたら身体を休ませ，午後からの活動にいきいきと参加するための時間です。子どもの体力には個人差があるので配慮する必要がありますが，眠るだけ眠らせてしまうのは，子どもの生活リズムを考えると決してよいとはいえないでしょう。また，子どもを無理に寝かせることへの配慮も必要です。寝かせることを考える前に，なぜ眠れないのか，子どもの生活と遊びの状況を見直して対応することが大切です。

　就学前には，小学校の生活リズムに身体のリズムを近づけるために，午睡をしない保育所が増えてきています。生活リズムは成長とともに整うものではありません。周囲の大人が適切な生活リズムをつくっていくことで，子どもの身体のリズムはできてきます。これには，保育所と家庭とが連携して，子どもの睡眠について考えていくことが必要となります。

## ワーク1　事例から考えてみよう

　近年，子どもの生活の変化が課題となっています。園で過ごす時間の長時間化だけではありません。ベネッセの調査[8]では，おむつ外しでも次のような傾向がみられます。

　2歳児の「おむつ外し」を例にとって考えてみましょう。「おむつ」を外す時期が遅くなってきているという問題があります。そこには「紙おむつ」を手軽に利用するようになったという背景があります。親の手間が省けたことで，急いで「おむつ外し」をしなくてもよくなったことや，育児雑誌などで，子どもの発達を見ながら進めることが奨励されていることもあるようです。

### 事例3-1　トイレット・トレーニング

（2歳児クラス）

　ユキちゃんは，お昼寝や夜寝るとき以外は，パンツで過ごしています。ユキちゃんは，登園すると必ず「見て！　パンツ可愛いよ！」とはいているパンツと着替え用のパンツをひととおり友達や保育者に見せています。ユキちゃんがパンツを見せているときに，「パンツがいい！」とはき替えようとする子どもも出てきました。

　そのことをきっかけに，パンツの絵柄を「私のあひるさん！」「私のうさぎさん！」と友達や保育者に見せることがクラスで流行り始めました。これをきっかけに，トイ

レット・トレーニングに成功する子どもも出てきました。しかし一方で，パンツには興味をもっているタツキくんなのですが，トイレット・トレーニングは一向に成功しません。

---

**（設問）**

保護者から「いつからトイレット・トレーニングを開始したらよいですか」と質問されたら，あなたはどのように答えますか。考えてみましょう。

---

# 3　子どもの生活や遊びと学び

## ［1］学びとは

　私たちは，日々いろいろな経験を通して，多くのことを身につけています。このことを心理学では「学習」といいます。学習とは，「経験によって起こるほぼ永続的な行動の変化」と定義されます。これを子どもに置き換えて考えてみましょう。経験とは，繰り返される日常のことであり，生活そのものです。また，子どもの生活のなかでみられる探索活動は，情緒的な安定を基盤とした知的好奇心によって喚起されています。

　子どもにとっての学びとは，明確な意図をもって何かを学習するというより，生活のなかで行われる探索活動，すなわち「遊び」によって形成されているといえるでしょう。

## ［2］乳幼児の生活や遊び

### ①生活と遊びの混在

　子どもの生活と遊びは，明確に分けられないほど一体になっています。とくに3歳未満児の場合は，何かおもしろいことを発見すると，それが遊びでもあり学びの機会にもなります。

**事例 3-2　水遊び**

——◦——◦——◦——◦——◦——※——◦——◦——◦——◦——◦——◦——

(1歳児)

　1歳を過ぎたりゅうせいくんは，今日もお絵描きをしたあと，手が汚れたのか手を洗いに行きます。りゅうせいくんは毎日，しばらく水の流れのなかに手を入れ，手が冷たくなっても水をさわり，身体で感触を楽しんでいます。

　このとき，保育者の「おみずよ，おみず」「おみず，きもちいいね」を聞きながら，水をさわっているりゅうせいくん。そして，りゅうせいくんが水をつかもうとしてつかめない様子をみて，「おみず，つかめないね。ふしぎだね」と話している保育者。この関わりは，毎日毎日続けられました。

　この事例の場面は，1歳児クラスではよくみられる光景です。自分でことばを話せなくても，保育者のことばを全身で受け止め，心の奥底で感じ取っているのでしょう。子どもが手洗いに行ったときの発見に，保育者が子どもの遊びの意味を見いだし，その遊びを無条件で認め，信頼できる存在であることも大切です。その信頼関係があるからこそ，遊びを安心して飽きるまで続けることができたのでしょう。保育者が子どもの行為から，その気持ちをていねいに読み取り，ことばにして表現するという援助により，子どもの感じる力を育んでいるといえるでしょう。

### ②子どもの学びの特徴

　子どもは日々の保育活動において友達と遊ぶなかで，いろいろなことを学び成長しています。つまり，子どもはさまざまな体験を繰り返しながら，その結果として得たことを学びとして獲得していきます。

たとえば，年長児の積み木遊びをみてみましょう。年長児は，どこにどんな形のものをつくるかということを想像力を働かせて考えます。そして，その考えたことをことばで友達に伝えたり，友達と意見のやりとりをしたりしながら，積み木を構成していきます。三角や四角の積み木を，どう構成すれば積み木は倒れないか，試行錯誤しながら工夫することも必要です。このように考えてくると，積み木遊び一つとっても，友達との交渉力，形や仕組みの理解，ことばの遣い方，積み木をどう組み立てるかという表現力，手先をうまく使う運動まで含めて，総合的な学びの要素がたくさんあります。このように子どもは，日々の遊びのなかで関わり合いながら，多くのことを学び成長しているのです。

　それでは，保育者はその様子を見ているだけかというとそうではありません。遊びの世界での学びは，「子どもにとって価値ある知識・技能や活動」ですが，保育者もそのことを価値あるものとして認めていくことが大切です。すなわち，幼児期の発達や一人ひとりの特性，遊びの展開を見通したうえで，ときには言葉をかけ，遊具を準備し，より遊びが充実するよう援助していくことが保育者の援助です。そして，遊びを幼児教育のみならず，小学校教育へ，「遊びを通した主体的学び」としてつないでいくことが必要となってきます。

### ③生活や遊びにおける子どもの育ち

　子どもは養育者や保育者に支えられて生活を営んでいきます。その日々の生活のなかで，子どもは他者をみたり他者に教わったり，他者と共にやってみたりしながら，その相互作用のなかで文化的行為を獲得していきます。このとき何よりも重要なことは，「子どもたちのやってみよう」「自分でやりたい」という主体的な思いです。そして，そのことを「やってみたいから手伝って！」と養育者や保育者に伝え，手伝ってもらおうとする力が必要です。このような子どもの思いが，将来につながるよりよい生活を営もうとする力の基礎となるのです。

　子どもが自ら自発的に取り組む遊びは，生活の中心をなすものです。3歳未満児の子どもたちでは，生活のなかに遊びが多く混じります。しかし，3歳以上児の場合は，自由に遊べる時間が保障されたところで子どもが遊び始め，夢中になって遊び込む姿が見られます。たとえば，保育者が準備した遊びをクラス全員が一緒にする場合があります。しかし，それは子どもが自ら始めた遊びではないので，子どもにとっては保育者にいわれたことをやっているように感じる場合があります。保育者は遊びのつもりで用意して一緒に行っていたのですが，子どもたちから「遊びに行っていい？」と聞かれて，ハッとすることがあります。「子どもは楽しく遊んでいた」と思っていた保育者は，これは子どもにとって何だったのかと気づくことがあります。

　夢中になって遊ぶ子どもたちの姿は，決しておもしろそうに勢いよく遊んでいる場面だけではありません。次の事例の子どもの姿は遊びといえるでしょうか。

**事例 3-3　砂場で遊んでいます**

（3 歳児）

　なおちゃんは砂場で砂を掘ったり，お茶碗に砂をつめたりして遊んでいます。その
そばで，えみちゃんは「たかーく，たかーく」といいながら山をつくっています。
　ゆいちゃんもえみちゃんの隣で山をつくり，「あっ，川もつくろう！」と川をつく
り始めました。

　この事例のように，一人で黙々と何か見つけたことに取り組んでいる様子も遊びと
考えられるでしょう。その過程ではやってみて気づくこと，試行錯誤して工夫してみ
ることもあります。

　また，子どもが生活や遊びの行為を獲得していくためには，何よりも意欲が必要で
す。たとえば，「食べる」という行為を獲得するためには，「食べたいという意欲」
が必要です。意欲のために必要なことは，適度な活動と自分自身の成功体験です。子
どもが生活や遊びのなかで，自分の働きかけで何かが変化したり獲得できたりする経
験があること，さらにそれらの行為のなかで，十分に子ども自身の身体や思考を使用
することなど，さまざまな体験や経験が組み合わさって自立に向かっていくことを認
識する必要があります。

　食べる行為は，食事の時間だけで獲得されるものではありません。遊びのなかで手
や指を十分に使うこと，またその体験のなかで自分のやっていることに満足し，自己
を肯定する気持ちが育っていくことが必要です。自立するには，心と身体，認知など，
いくつかの発達が伴っていることが求められます。

### ④子どもの自立と保育の環境

　子どもは信頼する他者に出会うと，安心して自身の力を発揮し，主体的に生活していきます。したがって，保育者の援助は子どもを主体として考えられたものでなければならないということがわかるでしょう。その際の保育者の援助は，子どもが自分でしようという意志をもったときに，主体的に行動できるように導くことが大切です。子どもが自分自身の意志で，さまざまな行動が行えること，自分で行ったことに満足し，自分自身の力を信じることなどが自立するために求められます。そのために保育者は，子どもの身体や運動発達に伴い，子どもがやってみたいという意志をもったときに，それが実現できるような環境を設定しなければなりません。

　保育所保育指針第1章1（3）のイに「健康，安全で情緒の安定した生活ができる環境や，自己を十分に発揮できる環境を整えること」とあります。子どもの発達に即した環境のなかで，一人ひとりの子どもが自分の力を発揮し，自らの意志を満たすことができるような環境を構成していかなければならないのです。たとえば，子どもが登園したときに，上着をかけるフックが子どもの手の届く高さや場所にあれば，自分で上着をかけようとしたときに，その行為が実現します。つまり，かけようとする意志を実現するためには，かけられる環境が必要です。その環境がなければ，子どもの意志や行為は満たされないのです。子どもの自立を援助するためには，保育者自身が子どもの視点に立って保育環境を十分に検討する必要があります。

　しかし，発達には個人差があります。同じクラスの子どもでも，同じ環境では不十分な場合があることをふまえておく必要があります。また，子どもが安心してその行為を行うためには，毎日決まった場所で生活することが望ましいのです。具体的には上着をかける場所が決まっていること，食事をする場所やおむつを替える場所，睡眠をとる場所などが決まっていることで，子どもは自分の場所があることで安心するとともに，自分の生活に見通しをもって過ごすことへと近づいていくのです。これにより，自分で生活をしていくという自立に向かうことができるのです。

　自立というと，「○○ができるようになる」というイメージをもつ人がいると思いますが，決して何かができることを促すことではなく，「○○したい」という意志を促すことを，まず考えることが大切です。子どもは，安心できる場や信頼している保育者などの他者の側で，自分のできそうなことに対して意欲的に行動できるようになります。このように，子どもとの信頼関係を形成し，個々の発達を捉え，適切な環境を準備し，子どもにとって適切なタイミングをはかりつつ，子どもが必要とする援助を行っていかなければなりません。

## ワーク2　実習生の記録から考えてみよう

　２歳児クラスに配属された実習生かおりさんの次の記録から考えてみましょう。

---

　今日は２歳児の子どもと砂場遊びをしました。砂場では，たくさんの子どもたちが遊んでいて，そのなかの一人の子どもが砂を高く山のようにしていました。

　子どもたちと楽しく遊びたいと思っていたので，「一緒に大きなお山をつくろう！」と声をかけました。ところが気づくと，一緒に山をつくっているのは，「先生，先生」といってきていた一人の子どもだけでした。ほかの子どもたちは，黙々とバケツに砂を入れたり，砂遊びに飽きてしまったりして，ほかの遊びをしたりしていました。私は，自分が子どもと関われていないと感じたのですが，どうしたらよいかわからず，困ってしまいました。

---

**(設問)**

このような遊びの場面をみかけたら，皆さんだったらどのように対応しますか。
パーテンの以下の遊びの分類[9]を参考に考えてみましょう。

・何もしていない行動　・ひとり遊び　・傍観者的行動　・並行遊び

・連合遊び　・協同遊び

---

[さらに学びを深めるために]

・津守真『保育者の地平　―私的経験から普遍に向けて』ミネルヴァ書房，1997

　著者の津守真は，自ら子どもと関わる実践にもとづく保育研究を一貫して進めてきた教育学者です。彼は，研究者としてのみならず保育者として生きるなかで，独自の保育思想をつくりあげてきました。それは，実践のなかで，子どもたちとの出会いで試されてきたものです。彼の思想のなかでも中心的な概念が「省察」です。彼自身の保育者としての経験を振り返る形で書かれた主著『保育者の地平』においても，「この書物全体が，いまの段階での私自身の保育実践の省察である」と述べられていることからもわかると思います。

［引用文献］

1）前原寛「基本的生活習慣」森上史郎・柏女霊峰編『保育用語辞典（第6版）』ミネルヴァ書房，
　　2010，p.73

2）レフ・ヴィゴツキー，柴田義松監訳『文化的―歴史的精神発達の理論』学文社，2005

3）谷田貝公昭・高橋弥生『データでみる幼児の基本的生活習慣（第3版）』一藝社，2016

4）増山由香里「食行為の形成と獲得への関係論的接近　―子どもと保育者の相互行為に着目して」
　　平成23年度修士論文（北海道大学），2012

5）モーリス・メルロ＝ポンティ，滝浦静雄訳『幼児の対人関係』みすず書房，2001

6）レフ・ヴィゴツキー，柴田義松他訳「子どもの文化的発達の問題」『ヴィゴツキー心理学論集』
　　学文社，2008，pp.143-161

7）石毛直道『食事の文明論』中央公論社，1982

8）ベネッセ教育総合研究所「第5回　幼児の生活アンケート資料編　集計」2015

9）Parten, M. B.：Socoal participation among pre-shool children. Journal of Abnormal and Social Psychology.
　　27, 1932, pp.243-269

第4章

# 保育における人的環境としての
# 保育者と子どもの発達

## 1 子どもの発達と保育者の役割

　子どもは，思い通りに動かせる身体が育つと共に，見えるもの，聞こえるものが，広がりをもち，そこに意味を見いだすようになります。そして，意味を整理する力と共に，予測や計画を立てるようになります。保育者は，子どもの発達を支え，伸ばし，生きる力を育むために，さまざまな役割を果たします。

　この章では，その役割について，大きく4点をあげたいと思います。まずは，安心の磁場となること，そして，モデルとなること，子ども同士をつないでいくこと，見守ることです。これらの役割は，発達の段階に応じて表し方が，少しずつ変わってきます。以下で詳しく見ていきましょう。

### ［1］安心の磁場としての保育者

　母親のお腹のなかから，未熟な状態で誕生するのが赤ちゃんです。おぼろ気な視覚のなかで，何の音かも判別できず，歩くことも話すこともできない彼らが，保護者に守られ，慈しまれながら育ち，新しい世界の扉を開く場が，保育園や幼稚園，認定こども園です。保育者は，保護者に代わって子どもたちを守る責務を負っています。保育者が，誰一人欠かすことなく，子どもたちに安心を届けることは，何より大切なことです。思うだけでは，プロとはいえません。それを相手に伝わるように表現することが，保育者の役割だといえます。

　乳児期に，とくに大切なのは，清潔で，快適で，応答的な生活を送ることです。まずは，生理的に満足し，彼らが見ているもの，彼らが発する声に，いつも応えてくれる保育者の存在が重要です。1歳になると，いろいろな物事に注目できるようになります。押したら出てくる，叩いたら鳴るといった簡単な因果関係におもしろさを感じ，さまざまな出来事に好奇心がめばえます。そして2歳ごろには，「自分でやってみる」という行動が，はっきりと出てきます。この時期には，「自分でできた」という小さな

よろこび，達成感をいくつも積み重ねていく必要があります。保育者は，彼らにとって応えてくれる人であり，励ます人，一緒によろこんでくれる人にならなければなりません。

　3歳以上になると，保育者一人あたりの子どもの人数が急に増えます。今では，だいたい20人前後が多いでしょう。友達との関わりも豊かになり，動きも激しくなります。目の前の子どものことだけにとらわれていては，保育はできなくなります。ある保育者が，次のようなことをいっていました。

　　　たとえば，何かを頼んで，（2階から）下に行ってもらったとき，きっと彼は，
　　　私に視線を向けるはずです。だから私は，彼が振り向くであろう時間を予測して，
　　　部屋から顔を出し，彼と目が合い，微笑みかけることができるようにします。

　子どもが，保育者の存在を確かめたくなるそのときに，必ずそこに居ること，これによって彼らは安心を得ます。抱っこすること，手をつなぐことだけでは，保育は立ちゆきません。子どもの心の流れに寄り添い，その受け手になっていく必要があります。
　子どもが，保育者に視線を向けるのは，どんなときでしょうか。それは，「できたよ」「これみて」と自分を認めてほしいとき，「やめて」「できない」と困っているとき，「お母さんに会いたい」「おうちに帰りたい」と寂しいときでしょう。そうやって保育者に視線を向けたときに，ちゃんと応えてくれる保育者がいたら，子どもは安心します。応えてくれない保育者だと，子どもは根無し草になり，心細い思いをするでしょう。友達と一緒にいることで，その世界を生きようとがんばる子もいるかもしれません。しかし，保育者がクラス全体に話すことばは，届かなくなるでしょう。心のつながりが感じられない人間がいくら前で話していても，自分にいわれているとは思わないからです。
　また，必死で保育者のいうことを聞いて，自分のやりたいこともわからないまま，いい子にする子どももいるでしょう。クラスに根を張れない子どもは，不安や反発心を常に抱いて，自己を十分に発揮することができません。保育者が，一人ひとりの子どもに温かいまなざしを送ることは，何より大切なことなのです。
　そのためには，保育者が一人ひとりの子どもの心の流れを感じ取り，彼が自分を必要としているときに，応えたいという思いが大切です。それを目の前の子どもと一緒にいるときだけ発揮するのでは，一部の子どもだけが満足することになりかねません。保育者は，クラスのすべての子どもに責任を負っています。だからこそ，一人ひとりの子どものパーソナリティや行動の傾向を把握すること，すなわち子ども理解が，保育者の専門性として求められます。子ども理解を通して，保育者は，ねがいや見通しをもち，多くの子どもたちの視線を受け止めていくことができるのです。

## ［2］モデルとしての保育者 ◆━･━･━･━･━･━･━･━･━･━･━

　幼児教育において中心的な活動とされているのは「遊び」です。「遊び」で子ども
は何を学ぶのでしょうか。それは主体的に生きることです。これは，まず「選ぶ」と
いう行為から始まります。したがって保育者は，遊びにおいて伝えたいことがあるな
ら，「教える者」ではなく，同じ「遊び手」として，子どもが魅力を感じてまねしたく
なるような，モデルとなっていきます。

　子どもたちが感じる保育者の魅力的な姿として，以下の4点が考えられます。これ
らはどれも，かつての異年齢集団でつくりあげていた子どもたちだけの文化をもたな
い，今の子どもたちにとって必要なモデル性です。

　　①　楽しそうに思いきり身体を使って遊ぶ姿
　　②　子どもと楽しそうにやりとりする姿
　　③　真剣にあるいはおもしろそうに遊具，道具に向かう姿
　　④　楽しそうに歌ったり踊ったりする姿

　残念なことに，今の子どもたちは「全力」をなかなか経験できません。思いっきり
叫んだり，思いっきり走ることが許される環境がないのです。保育者が楽しそうに思
いきり身体を使って遊ぶ姿は，子どもの全力を引き出し，晴れやかな心をつくってい
きます。

　そのなかで，遊びの中心にある応答的な関係を育んでいきます。鬼遊びで，追いつ
追われつする緊張と解放を共に感じていくこと，ごっこ遊びで単純な「どうぞ」「あり
がとう」の関係をつくり出すこと，そうしたよろこびをモデルとして伝えていきます。

　また，物を扱う力を育てることは，園での学びの大きな位置を占めます。はさみ，
のり，ペン，縄，スコップ，トンカチ，楽器など，さまざまな遊具や道具を保育者自
身が真剣にあるいはおもしろそうにやってみせることが，子どもの体験の幅を広げて
いきます。

　歌うこと，踊ることは，人にとって大きなよろこびの一つですが，その気分になら
ないと得ることができません。そして保育者が，歌わせよう，踊らせようとすると，
とたんにその気分でなくなるという難しさがあります。何よりも大切なのは，歌うよ
ろこび，踊るよろこびを伝えることですから，一番に保育者が楽しそうに歌い，踊っ
てみせることが大切です。

　以上のように，保育者の楽しそうな姿，真剣な姿が子どもをひきつけ，まねしたく
なる，一緒にやりたくなるという，遊びの動機を形成します。遊びを豊かにし，それ
を学びへとつなげていくのは，保育者自身がその遊びの楽しさを理解し，表す姿であ

り，これは集団生活が未経験である子どもたちにとって，とくに大切になってくるでしょう。

## ［3］子どもをつなぐ保育者 ━◆━◖━◆━◖━◆━◖━◆━◖━◆━◖━◆━◖━◆━◖━◆━

　子どもは，一般的に視野が狭く，目の前のことに関心を寄せるなかで，思いつきをどんどん出して行きます。人との関わりにおもしろさを感じ始める時期，とくに3歳児後半から4歳児くらいになると，互いがまだ「気まま」であるがゆえに，関わりのズレが頻繁に起きてきます。気がつくと友達がいなくなっていたり，知らない間に自分のイメージと違う遊びに変わっていたり，何をしているのかわからなくなって，それまでの遊びがなくなったり，トラブルになる様子がよく見られます。

　まだ，相手のペースと自分のペースを合わすことが難しく，ことばが足りない時期は，子ども同士をつないでいく保育者の役割が重要になります。たとえば，以下のような点に留意するとよいでしょう。

### ①イメージの橋渡しをする

　ごっこ遊びは，遊んでいる仲間同士のさしあたりの取り決めによって，展開していきます。年少児の場合は，「ここレストランね」といって，お料理をしていても，お料理をしているうちに，お料理をすることに没頭し始め，レストランであるかどうかは，どうでもよくなるということがあります。むしろ料理したものを食べてもらうことが重要という様子があって，同じ場にいる子どもそれぞれが，そのように物と関わるところがあります。したがって，その場を包む「レストラン」というようなイメージは，それほど大きく働いてはいません。

　ところが年中児になると，役割の分化が出てきて，お母さんや赤ちゃん，ペットなど，自分たちで役を取り決めます。そして，ご飯をつくるとか，お買い物に行くとか，お風呂に入るなどといった，イメージに沿った行動をするようになります。そのときに，発話がやりとりできていて，双方が互いのいうことを聞いているうちはいいのですが，まだまだ気ままにイメージがうつろっていくところがあり，気がつくと，レストランに変わっていたり，お風呂が玄関になっていたりします。それはそれで，うまくいく場合もありますが，互いの「つもり」の間で，齟齬が生まれることも多々あります。

　そのようなときは，「レストランに変わったの？」「まだ，○○ちゃんは，お出かけから帰ってこないけど」とか，「ここ玄関だった？　○○くんが，お風呂の工事，大変そうだったね」といったように，前のイメージを思い起こさせて，仕切り直しができるように投げかけます。

## ②双方の言い分を聞き，思いを伝え合う手助けをする

　子どもたちが，主体的に，自分の思いのままに動くなかでは，トラブルがつきものです。実習生や若手の保育者は，トラブルの仲裁に腐心しますが，まず解決することを考える前に，それが積極的な教育の機会であること，双方の思いを十分に感じ取る機会であることを踏まえておきます。

　子どもは，自分の気持ちを言語化して相手に伝えることが，まだまだ未熟です。納得いかない気持ちをそのままにして，場を去ることも少なくありません。互いに齟齬が生じていたり，トラブルになったりしたときには，双方の言い分を双方の前で聞いて，互いの気持ちを本人同士が伝え合う機会をつくっていきます。そのていねいな過程を通して，子どもの納得を引き出していきます。

## ③まわりの様子を伝える

　遊びのなかでは，何かしたいけれど，何をしたらいいか決めかねている子や，一緒に遊んでいた友達を見失っていることがよくあります。とくに外遊びでは，環境が広くなるので起こりやすいでしょう。日頃の仲間関係やその子どもの興味，関心，そして視線の先をとらえ，まわりの子どもの様子を伝えていきます。

　誰と誰がどこで何をしているか，どこに移動したか，こうした情報は，視野の広い保育者（大人）だからこそ，伝えられます。何をどう見ていいかわからない子ども，何かをしたいと思っている子どもには，有益な情報となります。

　以上のような子どもと子どもをつなぐ保育者の役割は，彼ら自身が響き合い始め，関係を深めていく時期には，とても重要となってくるでしょう。

## ［4］見守る保育者 ━•━•◦━•◦━•◦━•◦━•◦━•◦━•◦━•◦━•◦━•◦━•◦━•◦━•━

　幼児教育の目的は，子どもたちの自立していく姿にあります。彼らが何かに没頭しているとき，自分のあるいは自分たちの時間を生きているとき，保育者は見守る立場でいることができます。視線が手元から離れず，試行錯誤している様子や，ほどよい緊張を保つ背中や身体から，それはうかがうことができます。

　しかし，このようなよい状態は，ずっと続くわけではありません。そのうち思うようにいかない出来事が起こったり，思いに技能が追いつかなくなったり，することがなくなったりして，子どもは小さな挫折感や行き詰まりを覚えます。そのようなとき，保育者の励ましや手助け，たとえば，新しい道具や素材の提案，身体の使い方のアドバイスなどがあると，子どもはやる気を取り戻したり，新たなおもしろさを見いだしていくでしょう。

　また，彼らが何かをやり遂げたとき，充実感を感じているとき，保育者はその気持ちを受け止めることが大切です。このことにより，彼らの自己満足に第三者的な，社会的な価値を加えることができるからです。それは，確かな自信につながっていきます。ほとんどの子どもが，保育者の受け止めがほしくて自分から発信してきますが，それができない子もいます。しない子もいるでしょう。そんな子たちにこそ，「そのとき」をとらえて，声をかけていくことが大切です。そのことによって，彼らは前向きな気持ちで自分を社会に開いていくことができるでしょう。

　もう一つ「見守る」には，積極的な意味があります。それは，見守ることで自立を促すことです。ここには，「子ども自身で，できるだろう」という見極めが必要です。実のところ，解決の先が見えるので，先まわりして助言するとか，自分の思いつきがおもしろくて，それを先行させてしまい，「子どもたち自身で」「子どもたちの力で」という機会を奪う保育者の援助は少なくありません。園長の立場からみると，ベテランにさしかかるときが要注意です。同様のことは「なんとかしなくてはならない」とあせっている新人にも見受けられます。子どもたちが，自分たちで解決策を思いついたり，自分たちで目の前の課題を乗り越えたりすることは，より現実をリアルに体感していく大事な機会です。

　同時に放っておいたからうまくいかなかった場合も，また少なくありません。すべては，保育者の子ども理解がものをいいます。「見守る」ということは，放っておくということとは違います。ここには，関心を寄せ続ける，先を見届けるという保育者の子ども理解のまなざしが求められるのです。

# 2 子どもを取り巻く人的環境のあり方

　共働き家庭が増え，地域社会のつながりが稀薄になった現代の子どもは，保護者以外に出会う大人と言えば，およそ「先生」と言われる人だけとなっています。先生は，子どもを「育てる」という責任をもっているため，子どもの良さを伸ばし，課題を克服しようと働きかけます。これは，正しいことであり必要なことです。しかし，この良さと課題を見出す目は，評価の目であり，子どもにとっては窮屈なまなざしでもあるのです。

　子どもは，もっと多様な生活者に出会い，ただ自分を慈しんでくれるまなざしに包まれたり，ただあこがれを抱ける存在に出会うことが大切です。ここでは，そのような可能性をもつ大人の存在について考えてみたいと思います。

## [1] 身近な大人 ❖❖❖❖❖❖❖❖❖❖❖❖❖❖❖❖❖❖❖❖

　子どもたちにとって身近な大人といえば，お友達のお母さん，お父さんです。大人の庇護にある子どもは，慈しんでくれる大人を通して世界を広げていきます。そして，そこで多様な生活や文化に出会うことができます。「○○くんのパパ」と呼んだり，「○○ちゃんのお母さん」と親しみを込めて呼ぶことができる子どもは幸せです。

　しかし，このためには親子が自然に集う場が必要です。休みの日に個人的に遊ぶ関係があったり，降園後に子ども同士が遊んだりする空間や時間があれば可能ですが，まずは，保護者同士がつながっていくことが前提です。

　そこにPTA活動が位置づきます。「PTA」とは，Parent Teacher Associationの略語で，保護者と園が一体となり，組織として子どもを支援する仕組みです。昨今では，保護者の負担感から，その是非が問われるまでになっています。その一番の要因は，組織の活動の価値を実感できないことでしょう。そうなると活動は形骸化し，意欲に関係なく，くじ引きで役を決めるに至ります。貧乏くじを引かされた思いをしている人が，活動に意欲的になれることは難しいでしょう。

　保護者の活動が，ダイレクトに子どもの育ちにつながっていると実感できることが必要です。子どもの笑顔をじかに見られたり，子どもと話ができたり，「ありがとう」と素直にいわれたりすると，純粋なよろこびが得られます。これは，さまざまな子どもを慈しむ気持ちを育んでいきます。そしてそのために，保護者同士が手を取り合って協力しようという気になるのです。

　PTAの組織としての理念（園の子どもを我が子のように慈しむことなど）が共有されていること，そのなかで小さな思いつきを出し合って，自分たちで組織を動かしていく実感がもてること，一人の表現者として活躍できる機会があることなどが，組織の活性化には必要です。

多くの園では，PTA主催でバザーを開いたり，おもちつきを企画したり，絵本の読み聞かせなどを行ったりしています。さらに，劇団サークルがあって，子どもに公演したり，子どもが遊べるおもちゃを手づくりするサークルがあったりします。どの園にもある，さまざまな取り組みを，保護者一人ひとりの創造的営みとしてつくり替えていくこと，それを子どもへとつなげ，その価値を子どもと保護者に伝えていく必要があります。

　PTA活動を通して育まれる大人同士の関係と大人と子どもの関係は，温かいきずなとして，あるときにはあこがれ—あこがれられる関係として，「子どもを評価する」という学校文化を超えた豊かさを生んでくれるでしょう。

## ［2］身近な働く人々

　小さなころから，何らかの幼児施設にいる子どもたちにとって，「先生」以外に出会える大人といえば，消防士さんやお医者さん，お店やレストランの店員さんなどです。働く人には，その職業に応じた身のこなし，話し方があり，子どもの心をひきつけます。子どもたちは，身近な働く大人にあこがれをもち，それをごっこ遊びで再現しようとします。彼らは，遊びを通して社会の営みを学んでいます。

　地域性や園の特色によって差はあると思いますが，どの園でもさまざまな働く大人との出会いがあります。とくに避難訓練があるので，どの園も消防士さんとは出会えるでしょう。防火衣を見せてもらったり，火の消し方を教えてもらったり，ポンプ車から水を出してもらったり，子どもがあこがれる大人の姿があります。

　また，大工さんや農家の方，庭師さん，地域によっては漁師さんなど，自然を相手にするプロの方との出会いは，現代の子どもたちにとって大変貴重なものです。自然という我々の命の基盤に直に触れ，それを育んだり，加工したり，整えたりして生きていることを，身体を通して，つまり熟練の所作を通して教えてくれるからです。生活として身に着いているそのたくましさ，スムーズに美しく動く身体は，子どもたちの目を理屈抜きにひきつけます。

## ［3］保育課題

　「先生」ではない大人との関わりには，留意すべき点がいくつかあります。一つは，子どものわかることばと一般の大人が使うことばが異なる点です。たとえば，「そうじ」はわかっても，「整頓」はわかりません。「力を合わせて」はわかっても，「協力して」といわれると難しくなります。たいてい子どもは，文脈と雰囲気で大意をつかみますが，それでも大人同士で話しているように話すと，理解が難しくなります。そこで，子どもにとって難しい表現が使われたときには，彼らにわかることばで，翻訳するかのようにかみ砕いて伝えていく必要があります。

　もう一つは，子どもと大人の関わりの質的な側面です。とくに保護者は，他人の子どもに対して気を遣います。背後の保護者同士の関係を気遣うからです。たとえば，叩かれた，叩いたというトラブルの対処ができず，そのままになってしまって，関係がギクシャクとなってしまうこともあります。そのようなときには，第三者である園のおもに管理職が，間に立つことが求められます。逆に，行き過ぎた注意をしてしまう保護者もいます。そのようなときも，やんわりととりなす役目は，園が担うとよいでしょう。

　外部の働く大人の場合は，避難訓練のように，相手側が「子どもと関わる」ことを目的としてくるときは，そのつもりがあるのでスムーズです。また，イベントとして，たとえば農家にナスの収穫をさせてもらうときなどには，園が教育的な目的をお話して，プロならではのお話を聞かせてもらったり，収穫の仕方を教えてもらったりします。

　日常場面で，庭師さんや大工さんなど，その専門分野の仕事として来た場合は，（分からない故に）面倒だと思う方も少なくありません。迷惑をかけないで，子どもがあこがれる場面を見せてもらったり，伝えてもらったりする必要があります。いずれにしろ，園が，大人との関わりに対する教育的な理念をもち，子どもに何を伝えたいのかお伝えすることで，好意的な関わりが増えていきます。子どもたちにも，邪魔をしないように，その働く大人の役割を伝え，失礼がないように注意していく必要があるでしょう。

　「先生」ではない大人は，子どものリズムや感じ方，考え方を知らないゆえに，とまどいも多くあります。子どもたちの豊かな人的環境を支えるために，保育者は積極的に間に立って，わかりやすく大人や子どもに意味を伝えられる存在であることが求められます。

**ワーク1** ことばを置き換えよう

（設問）

次のことばを，子どもにわかることば，文章に置き換えてみましょう。

○栽培　　　　　　　　　　○整理

○点検　　　　　　　　　　○給仕

○協力

## 3　　保育者と子どもの関わりから生じる相互作用

　これまで，子どもの育ちを支える保育者の役割として重要な点について考えてきました。ここでは事例を通して，具体的な保育者と子どもの関わりをみていきましょう。保育者の適切な子ども理解が，子どもの乗り越え体験を支えていくということが，よくわかると思います。

**事例4-1　保育者をよりどころにして気持ちを外に向けていく**

—— ◦ —— ◦ —— ◦ —— ◦ —— ✳ —— ◦ —— ◦ —— ◦ —— ◦ ——

**（1歳6か月）**

　1歳半のシオリちゃんが，お母さんと離れて泣いています。保育者が抱っこしました。激しく泣くので，テラスに出て軽く体を揺らしながら，話しかけます。「お花が咲いてるね」「あ，ちょうちょさんだ」など，外の出来事をささやくようにお話しします。次第に，泣くことをやめて，胸に頭を預けてきました。テラスに座り，じっとしていると，しばらくして頭があがり，まわりの様子を見ようとしています。そこで，

外の景色が見えるように頭を反対にして，背中から抱くようにしました。

　まわりの声にも反応を示し，目線が動き始めます。そこで保育者は，部屋のなかに入り，木のパズルのところに行きました。汽車と車と飛行機の絵合わせで，絵のところにはめられるようになっています。保育者は，抱っこしたままその前に座り，「あ，飛行機だ。しゅっぱ〜つ！　ディズニーランドに行こう！　ひゅ〜ん」と飛ばして，「ひゅ〜ん」と戻ってきて，「ただいま〜」とはめます。それから，汽車を走らせて動物園に行ったり，車でドライブに行ったりして戻ってくると，パチッと絵に合わせてはめます。シオリちゃんは，その様子をじっと見ていました。

　この単純な物語の動きに，まわりの子が寄ってきて「私にやらせて」「僕にやらせて」と手に取り，保育者がお話しするのに合わせて動かして楽しみます。保育者は，膝からシオリちゃんをおろし，足の間に座らせます。

　じっと見ているシオリちゃんに，パズルを渡して「やってみる？」というと手に取ります。シオリちゃ

んは，受け取った木のパズルを浮かせ，その絵の相手を探してパチッとはめました。4回，5回と，それを楽しみます。保育者は，シオリちゃんが手に取るのに合わせて，「次は，車。行ってきま〜す」などと声をかけ，パチッとはめたときに，「あ，ただいま〜」と声をかけます。

　それからシオリちゃんは，ボタンを押すと人形が出てくるおもちゃに着目し，それを押して遊び始めました。

　子どもにとって，お母さんと離れることは何よりもさびしいことです。孤独で不安な子どもの心をやわらげ，安心へと導くことが，保育者の第一の役割です。まずは，抱っこすることでその身体を包み，安心を導きます。

　保育者は，ずっと彼女を抱っこしながら，彼女の様子を見ています。このときの「見る」は，「観る」であり，「診る」であり，「看る」だといえます。彼女の心の動きを観察し，何ができそうか診断し，安心の度合いをみているのです。その保育者の判断が，具体的な援助を導きます。

　保育者は，シオリちゃんがただ身を預けて放心するかのように泣いているところから，次のような変化を見てとり，行動をとります。

　まず，シオリちゃんの頭があがり，まわりの様子を見ようとします。保育者は，「まわりの出来事に，頭が働き始めた」ととらえ，まわりがよく見えるように抱っこの向

きを変えます。次にシオリちゃんは，まわりの声にも反応を示すようになり，視線が動き始めます。保育者は，「人の動きに関心が向き始め，まわりの状況をとらえようとしている」ととらえ，テラスから保育室にある（興味のもてそうな）玩具のところに移動します。

　そこで，わかりやすい単純なストーリーに乗せて遊んで見せ，遊び方のモデルを示します。シオリちゃんは，それをじっとみています。保育者は，「目の前の出来事に，興味をもっている」ととらえ，自分で動き出すことができるように，膝からおろします。ですが，包まれている感覚はもてるように，足の間に座らせます。シオリちゃんは，保育者の膝からおりても，泣かずに，そのまま遊びを見ています。保育者は，「より，気持ちが外に向かっている」ととらえ，ころ合いを見て，シオリちゃんにパズルを渡します。シオリちゃんは，それに応じて，パズルをやってみます。保育者は，「外の世界に気持ちが向き始めた」ととらえ，シオリちゃんがやってみている気持ちを支え，よりそれに集中できるように，声をかけます。

　このあと，シオリちゃんは，別のおもちゃにも興味を示し，自らそこに向かって遊び始めます。保育者は，シオリちゃんの目線や身体の動きを見て，感じることを通して，彼女の心の動きを探り，外の世界に向かえるように援助しています。「泣いているから，ずっと抱っこする」という援助も，「一人をずっと抱っこできないから，抱っこしない」という割り切りも，適切な子どもと保育者の関係ではありません。そこには，子どもの心の動きをとらえようとする目がないからです。子どもの気持ちを受け止めながら，少しずつ外の世界のおもしろさへと気持ちを開いていくことが大切です。

　お母さんと離れて泣くうちは，園に対して子どもが安心しきっているわけではありません。子ども一人ひとりの「安心」への道のりは違います。その子がもつ他者との距離感に保育者が寄り添うことで，保育の出発点である「子どもの安心」を導くことができます。

**事例 4-2　先生をよりどころにして，自己課題を乗り越える**

―――。―――。―――。―――。―――。※―――。―――。―――。―――。―――。

（４歳児クラス）

〈具体的な子どもの姿〉

　行事になると，高い緊張を示し，参加することが難しいハルヤくん。練習になると，クラスから飛び出していきます。練習が終わって，テラスに座っているハルヤくんにマイ先生が近づき，「ハルヤくん，走るの好きやろ。早いし」「うん」「マイ先生と走ろう。秘密で。みんながおらんなってから」と誘うと，「うん」と笑顔で応じます。そこで，マイ先生は担任のアユミ先生に，「アユミ先生，ハルヤくんが走るって！　よーいドン，してくれる？」と頼みました。ハルヤくんは，マイ先生とかけっこで一

周を笑顔で走り抜けました。

　それから幼稚園全体で練習をした日，彼は担任のアユミ先生に抱っこされて走りました。表情には笑顔が見られます。その次に，学年でかけっこの練習をしたとき，逃げ出しましたが，連れ戻すとやる気を見せ，「一人で走る」といいました。待つことができず，落ち着きはありませんが，何番目かとたずねると「４番目」と適当にいい，アユミ先生が「２番目」というと，２番目であることが頭に入ります。そして，手をつないでいると，２番目に交じって，ちゃんと待ち，走って一番になります。

　しかし，アユミ先生は，列に戻すこと，一緒に練習をさせることに意識を向けていることがうかがえます。マイ先生は，保育後に彼の援助について何を考えているのか，アユミ先生から話を聞くことにしました。

〈保育後のカンファレンス〉

　マイ先生は，アユミ先生と話すなかで，ハルヤくんに対して，具体的な願いをもっていないことがわかりました。ただ，練習に参加しない，参加させなければとしか思っていません。そこで，運動会という取り組みについて，ハルヤくんにどんな願いをもつのか，ねらいは何かたずね，「運動会に，意欲的に参加し，楽しむこと」だと確認します。そこでマイ先生が，アユミ先生に「ハルヤくんが，運動会に参加できる確率は何％か？」とたずねると，30％だと答えます。これでは，運動会３日前の今，ハルヤくんが意欲的に運動会に参加することは無理に近い状態です。

　マイ先生は，80％だといい，その理由を説明しました。ハルヤくんは，マイ先生と一緒に，秘密で一周を走りきる気持ちよさや楽しさを感じることができました。これは，非公式であるけれども，先生の合図で，先生と一緒に正規のコースを走ったという点で，フォーマルなエッセンスがあります。そこで彼は，楽しさを感じていました。

　それから，彼は本番の前の総練習というセミフォーマルな場面で，先生に抱っこされながらも参加することができました。そのとき，終始笑顔でうれしそうでした。

　その次に，学年の一斉活動で，自分で参加すると決めて，自分で走り抜き，笑顔で

一番になっています。この姿から，彼の本番への意欲はあがってきていると解釈することができます。まずは，ハルヤくんが本番で走りたいのだと信じることが大切であり，本番でいきいきと走る彼の姿を見たいと思うことが大切だとアドバイスします。

　運動会まで実質2日しかありませんが，意欲を支えるという点では，十分な時間があります。保護者にも，彼が緊張している気持ちを受け止めてもらいながら，それでも彼が自己発揮する姿を見られたらうれしいという気持ちを伝えてもらうこと，担任として何ができるか考えて，明日の保育に臨むようにと話しました。

　さらに運動会当日の彼についても，保育者として何を求めるのか，アユミ先生に確認しました。80%を100%にするには，理屈抜きの緊張という，大きなハードルがあります。それを超えるには，こちらの集中力が必要です。はじまりの式も含めて，すべてをちゃんとすることを望むのではなく，競技をはつらつとこなすことが，彼の次（年長への取り組み）につながること，そこに焦点をあてることを伝えました。

　また，緊張のため，お母さんから離れないことも予想されます。そのときになってみないとわからないけれど，心の準備だけはしておくようにとアドバイスしました。

〈その後のアユミ先生の援助と結果〉

　次の日，アユミ先生は，朝一番に「先生と走ろう！」と誘います。ハルヤくんは，大きな笑顔でうなづきました。ただ，別の遊びをしていたので，すぐには叶わず，「友達と走らないか」と誘うと，それは断られました。代わりに「見ててね」と声をかけ，自分が走りながら，笑顔でハルヤくんに手を振るなど，できることをする姿がありました。ここでアユミ先生は，「ただあなたと一緒に楽しく走りたい」「走るって楽しい」という思いをハルヤくんに伝えようとしました。もう「できない」「やらない」ハルヤくんばかりが気になってしまう先生から気持ちを切り換えました。

　そして本番，彼は運動会の最初から最後まで，すべて意欲的に笑顔で参加することができました。また，保護者の協力も大きく，終始ハルヤくんに声をかけて励ましてくれていました。アユミ先生は，やろうとする彼の意欲をとらえ，できたことを一緒によろこび，励まし続けました。

　その数日後，園がお休みのとき，幼稚園の前をお母さんと通ったハルヤくんがこういいました。「アユミ先生，おらんかなぁ。アユミ先生のこと，ハルヤ，大好きなが」「ふぅん。なんで？」とお母さんが聞くと，「だって，アユミ先生親切やもん」といったそうです。アユミ先生のハルヤくんへの思いや願いが，ちゃんと通じていたことばといえるでしょう。

　この事例には，保育者の援助として大切なポイントが，いくつかあります。まず担任のアユミ先生が，運動会という学びの節目に向かって，子どもたち一人ひとりが意欲的に参加するという園のねらい，あるいは学年，クラスのねらいを，ハルヤくんと

いう個人に対して，どう具体的に定めるのかということです。

　アユミ先生は，ぎりぎりまで練習に参加しないハルヤくんに「困って」おり，自分の投げかけや援助が通じないことから，ハルヤくんの参加への具体的な展望が描けていませんでした。それが，参加できる確率が30％だという評価につながっています。練習に参加するかしないかという基準で，ハルヤくんを理解しようとする限り，彼の意欲を支えることはできません。

　年少のとき，彼は泣いて競技に参加できませんでした。理屈抜きに，緊張して興奮してしまいます。それと同じことが，今，練習の段階で起こっているのです。昨年，まったく参加できなかった彼に，今，何を望めるでしょうか。まずは，走ることの大好きな彼が，かけっこという「走る」表舞台で，堂々と自己を発揮してほしいという願いをもつことでしょう。どんなことでもいいから，よろこびの経験として運動会を終えることが，次への希望を生み出します。

　したがって，それが叶うのか叶わないのか，押したり引いたりして見ながら，彼の意欲を探ることが大切になるのです。子どもは，みんな自分が輝きたいと思っているし，頑張りたいと思っています。その気持ちを支えるのが，保育者の役割です。そして，彼にはその意欲がありました。アユミ先生は，「練習をしてほしい，ちゃんとしてほしい」と思っている保育者から，「あの場所で輝いてほしい」と願いを変え，「彼も本当は参加したいのだ」と信じ，そのためにできることをやってみようとしました。それが，ハルヤくんに伝わり，ハルヤくんは勇気を得たのです。

　その結果，ハルヤくんは，運動会のすべてのことに意欲的に取り組み，充実感のうちに終えることができました。そしてそのよろこびを，先生や保護者と共有することができました。この経験が，年長になったときの彼の運動会の取り組みの礎となるでしょう。

　二つの事例から，子どもが外の世界に自分を開いていき，自己発揮する姿を支えるのは，保育者の子ども理解であるということができます。泣いているから抱っこする，練習にこないから声をかける，というだけでは，子どもを育てることにはなりません。子ども一人ひとりに，ねらいを見据えた「今」の願いをもち，それがどう叶うのか，子どもとの相互作用のなかで見ていく必要があります。

　ハルヤくんが，「アユミ先生は親切やもん」といったように，子どもも先生を見ています。子どもが先生に応えないのは，その子の「今」に先生の援助が合っていないからです。先生自身も，しっくりと来ていないでしょう。それが続くと「わからない」「困る」という事態になります。

　子どもの行動を，自分の保育の鏡として謙虚にとらえ，絶え間ない子ども理解のPDCA（計画−実行−評価−改善）に取り組むことが大切です。そして自分の見方だけで物事を解決しようとせず，他者の意見を聞くことが，一保育者の限界を超える大きな力になるでしょう。

## ワーク2 子どもの姿から考えてみよう

**（設問）**

ある子どもが，あなたのことを泣きそうな表情でじっと見ています。あなたは，何を考え，どんな行動をとりますか。3つ程度考えてみましょう。

［さらに学びを深めるために］

・河邉貴子『保育記録の機能と役割』聖公会出版，2013

　保育者の子ども理解を洗練させていくには，保育後に自分の実践を省察するための保育記録が大きな役割を果たします。本書は，複合的にさまざまな出来事が展開する遊びを理解し，明日の保育を構想するうえで有効な記録のあり方を明らかにしています。本書を通して，保育の専門的な思考法を学ぶことができます。

・木村順『保育者が知っておきたい発達が気になる子の感覚統合』（Gakken保育Books）学研プラス，2014

　保育者の子ども理解において，特別支援の子どもや気になる子どもの理解は，その感覚の違いがわからないことから難しい課題によくなります。本書は，彼らがどんなことにつまづいているのか，そこにはどんな理由があるのかをわかりやすく解説しており，彼らの立場に立つ視点を与えてくれます。

［参考文献］
・厚生労働省『保育所保育指針』フレーベル館，2017

第 **5** 章

# 子ども相互の関わりと関係づくり

## **1** 世界を広げていく子ども

　生まれたばかりの赤ちゃんは，生きるために泣き，乳を吸います。母親はそれに応えて，さまざまな世話をします。彼らは「生きる」というテーマのもとで，固く結ばれています。また，母親は精神的なつながりのなかで赤ちゃんに語りかけ，赤ちゃんはそれに応えます。赤ちゃんの発する声は，母親の語りかける声に同調しています。そうして5か月くらいになると，「いないいないばぁ」のような最初の遊びが生まれます。この遊びの関係は，緊張と解放を伴った互いの同調性に支えられており，その真ん中には，次の出来事への期待があります。つまり，お母さんの顔がきっと現れる，赤ちゃんの笑った顔と声に会えるという互いのわくわく感があり，それが叶ったよろこびを共有する楽しさがあるのです。

　そして，体幹が育ち，手で何かを触れることができるようになると，そばにある物に興味をもち，手や口で，その感触を確かめ始めます。物との対話が始まるのです。紙を破ったり，ティッシュペーパーを箱から出したり，お玉で床を叩いてみたり，土に触れたりすることを通じて，赤ちゃんはその物の特性を身体と心で学んでいきます。

　こうして子どもは，人や物との関わりを通して世界を広げていくのですが，その学びにおける中心的な活動が「遊び」なのだといえます。「遊び」は，楽しさ，おもしろさを求める自由な活動であり，人と関わるよろこびと，物との対話，試行錯誤に彩られています。子どもは遊びを通して，世界との関わり方を学ぶのです。

　下の写真は，水と戯れる2歳児です。予測がつかない水の動きにおどろき，おもし

ろさを感じています。子どもにとって，世界は不思議に満ちたとてもおもしろいものなのです。

## ワーク1　子どもの姿から考えてみよう

**（設問）**
「遊び」におけるわくわく感は，予測はしていても，先が定まっていないことから生まれます。描画や製作は，どこに遊びの醍醐味である緊張と解放があるでしょうか。考えてみましょう。

## 2　事例から学ぶ遊びと子どもの関わり

　ここでは具体的な子どもの事例から，子ども相互の関わりの変化をみていきましょう。

### ［1］3歳未満児の遊びと子どもの関わり

　この時期の子どもは，人との関わり方が，非常に単純です。物の取り合いをしてケンカをするか，叫んで走りまわって笑っています。人と関わる楽しさの元型といえる事例を見てみましょう。

### 事例5-1　「きゃーっ」と叫んで走る

（2歳児）

　タオルかけに，ナオちゃんがタオルをかけに行きます。保育者が景気をつけて「よーいっ，どんっ」というと，「きゃあー」と叫んで走ります。それを見たマオちゃんが，「きゃあー」と叫んで同じ方向に走ります。そして2人で，「きゃーっ」と笑いな

がら反対方向に壁まで走ります。ほかの3人がまねをして「きゃーっ」と仲間に入ります。走って保育室の向こう側に行って止まり，一瞬の間をあけてから（呼吸を合わすタイミングをはかるかのように），「きゃーっ」と笑って反対側に走ります。また，間をあけて「きゃーっ」と戻ってきます。

　何でもないことから始まる，何でもない遊びです。「いないいないばぁ」のような単純な緊張と解放からなる遊びの構造をしており，「きゃーっ」というノリを一緒になって楽しんでいます。友達と関わる楽しさのもっとも単純なかたちということができます。

　この頃の子どもは，さまざまな素材や道具に興味をもち，その対象そのものに関わって，あれやこれやと試行錯誤を重ねます。たとえば楽器は，まだ曲を奏でる物ではなく，偶然に音が出る物であり，そのうち音を出すことに向かって試行錯誤を始めます。砂や泥についても，山をつくるとか，泥団子をつくるという目的をもって関わるというよりも，その素材そのものが自分の手の動きでどう変わるのかを楽しみます。

　友達と同じ場所で，同じ土で遊んでいる子どもの事例を見てみましょう。

**事例 5-2　泥遊び**

――・◦・――・◦・――・◦・――・◦・――※――・◦・――・◦・――・◦・――・◦・――

（2歳児）

　アヤカ，コハル，マイ，シノ，アキト，ゴウが，同じ場で泥遊びをしています。器に土を入れる，表面を叩く，手やスコップで土を入れる，別の器にも入れる，混ぜる，土を出すといった動きを楽しんでいます。アヤカ，コハル，マイには，ことばのやりとりがあり，ほかの3人は自分のしていることに没頭しています。

互いに何かつぶやきながら，アヤカ「こっちゃんと遊ばんもーん」というと，コハル「あーちゃんと遊ばんもーん」と同じ口調で返します。まるで歌のようで，自分たちのしていることに変化はありません。マイがレモンの葉っぱをちぎり，「これ，におってみて〜」とコハルに渡します。コハルが匂ってから，「うんち〜」と笑います。

　アキトが砂場にいる担任のところに移動します。ゴウは滑り台のほうへ道具をもって移動します。コハルがハートの容器を2つもってきて，それからしばらくしてから，今度は平たいお皿をもってきます。マイとアヤカは，それを使って遊び始めます。

　コハルが水を取りに行くと，アヤカが「水，もってくる」といって立ちます。マイも「マイちゃんも」といって立ち，水を取りに行きます。コハルが自分のもってきたペットボトルから，お皿の上に水を入れます。泥になると「うはっ」と笑います。

　しばらくしてゴウが手ぶらで戻ってきました。保育者が「ゴウくんのごちそうを食べたかった」というと，すかさずコハルが保育者に，「どうぞ」と真顔で泥のごちそうを差し出します。保育者が，「ありがとう」と食べて，器を戻します。真顔で受け取る，コハルちゃん。そのやりとりを何度か続けます。マイ，アヤカ，ゴウは，自分のしていることに没頭しています。

　どこかに行っていたシノが戻ってきて，泥が底に詰まったペットボトルを見つけて，自分がもっていたペットボトルに，その泥を移そうとします。重くて動かず，移らないことがわかると，ペットボトルに下の乾いた土をつかんで入れます。すぐに手をパーにするので，土が入りません。2回目には，ぐーにしたまま手を筒状にしたので，土が入っていきます。これを何度か繰り返しました。

　保育者とコハルのやりとりを見て，シノが砂に水を混ぜたバケツを見せて，「これどうぞ」といいます。保育者が「これ何？」とたずねると，シノが「おすし」と答えます。保育者は，「お寿司。お寿司？（「うん」とシノ）お寿司！　いただきまーす」とおいしそうに食べます。コハルが，お椀に山盛りの土をもってきます。保育者「うわお。やまもり」というと，コハル「これ，ごはーん」，保育者「ごはん！」とおいしそうにいただきます。次に，「これ，柿」といってもってきます。保育者「柿。柿？」というと，うなずきます。「いただきまぁす」と食べます。今度は，アヤカがつくったものを「これ，ナス」といってもってきます。

　それぞれの子どもが，それぞれのしていることに向いているなかで，友達のしていることに興味を引かれると，それが横に伝わっていきます。この事例では，視野が広くて，めざといコハルちゃんの動きが起点となっていることが多く，水をもってきたり，保育者にごちそうをもって行ったりするという動きが広がっています。この事例のあとのことなのですが，シノちゃんのペットボトルに土を入れるという動きが，ゴウくん，アヤカちゃん，マイちゃんに広がっていました。

　保育者にごちそうを食べてもらうやりとりは，ごっこ遊びで人と関わるおもしろさ

のもっとも基本的な形でしょう。つくった物のイメージはもっておらず，コハルちゃんはやりとりそのものに真剣です。あまりの真顔に「これなあに？」と聞けなかったのですが，シノちゃんに保育者がたずねてから発想された「お寿司」というイメージに触発されて，イメージを表すようになります。コハルちゃんのつくった「ごはん」は，それらしく見えましたが，お寿司や柿やナスのイメージは，現物とはかけ離れており，「それをつくろう」と思っていたわけでもなく，つくったものを見てイメージが湧いたわけでもなく，むしろその場の思いつきのほうが強いでしょう。子どもたちは，土という素材そのものと関わることにおもしろさを感じているのです。

　たとえばシノちゃんは，泥をペットボトルから別のペットボトルに移そうとしても（泥が重たくて動かず）ダメだということがわかり，次にペットボトルの小さな口に手で土を入れようとします。最初は，手をパーにして離したので，土がまわりへとこぼれてしまい，口の小さなペットボトルには入りません。そこで手の形をグーに変えて，筒状にすることで入れることに成功します。この時期の子どもたちは，イメージをもって遊ぶというよりも，こうした素材との試行錯誤を楽しんでいるのが特徴的です。

　友達との関わりは，その試行錯誤の流れのなかにある一つの情報源であり，楽しいことの一部のようです。自分の行為の受け手として選ぶのは，応えてくれる可能性がもっとも高い保育者であり，子ども同士の関わりは，むしろ偶然性が高いといえます。会話自体もやりとりというよりは，つぶやき合いのようで，「遊ばん」という言葉もあまり現実味がなく聞こえます。

　このように，自分が見るもの，興味をもったものの特性に触れ，試行錯誤を重ねること，人と意味よりもノリや雰囲気で関わることを楽しむ時期を経て，3歳児になると，もう少し関わりの焦点もイメージの共有も定まってくるようです。

## ［2］3歳児の遊びと子どもの関わり

　この時期になると，意図的に同じ出来事を共有して楽しむようになります。たとえば，先の事例で見たような「きゃー」と叫ぶ遊びでも，次のような様子があります。

### 事例5-3　「きゃあー」といって遊ぶ

　園庭の水道で，シホとハルカが一緒になって，「きゃぁぁぁぁあ」という金切り声をあげています。あまりの叫びぶりに，保育者が「どうしたの？」とたずねると，シホが「お水入れてたら，（やかんが）ボチャンってして，びっくりしたの」といいます。そして，わざとやかんを落としては，「きゃぁぁぁぁあ」，落としては「きゃぁぁぁぁ

あ」と2人で叫びます。

　ここでは，偶然の出来事にびっくりしておかしかったことから，それを再現する遊びが生まれています。2歳児で見た事例は，意味もなく，互いのノリで成り立っていた遊びでしたが，ここでは出来事を起こして，叫ぶという意図性でつながっています。まさしく，2歳児よりも計画性があるのです。

　事例5-2と同じような遊びでも，少し様子が違います。次の事例を見てみましょう。

### 事例5-4　集中したり，ふざけたり

　アユミ，ナナ，エイタ，イサト，ナオヤが，竹を縦に半分に切った3節分の長さのものを，2つ横に並べて蓋をして，間から水を流したり，開けてどうなっているか見たりして遊んでいます。イサトが蓋を開けて，節にたまった水を見て，泥をすくいます。それをアユミとナナがのぞきます。ナオヤが隙間から水をいれます。誰かが縄跳びの綱を入れ，イサトが水に浸っている様子を見ています。

　向こう端まで水が届いているかどうか，ナオヤが穴をのぞきます。ナオヤが，「水を入れるよー」といって，出口付近から蓋をずらして水を入れます。水が間から漏れます。イサトがまっすぐになるように，竹の位置と蓋の位置を調整します。

　アユミとエイタが飽きたのか，そのまま座り込んで話を始めます（ナナは，横で水と葉っぱを大きなピッチャーに入れて遊び始めます）。エイタが何かいって，アユミが「きゃははは」と笑います。イサトも近くにしゃがみます。アユミが「エイタくんがね，……」と話をし，エイタが笑い，イサトも笑います。さらにアユミが「えーとね，それで，エイタくんのおちんちんが，……」というと（ここでナオヤも近くに座ります），エイタが立ってお尻を振ります。アユミ「それでね，エイタくんのおじいちゃんが，お風呂でブリ〜ってしたがやもんね〜」というと，イサトが立ってお尻を振り，それに同調してナオヤとエイタが立ち，3人でアユミに向かってお尻を振ります。アユミが「きゃははは」と笑います。

事例のように，並べた竹に水が通るかどうか確かめたり，蓋を開けたり，かぶせ加減を調整したり，並べ直したりする姿は，何度も見られました。「いくよ」という声かけで仲間が結果に着目し，蓋をはめ直したり，並べ直したりします。見ていた感じでは，「水が漏れて流れない」事実に対して，隙間を埋めることが有効な手段であり，それができていないから流れないのだと思って，調整している様子があります。少しでも隙間が空いていれば「漏れる」し，どうやっても隙間は空くのだという結論には至っていません。

　大人にとっては当たり前のことが，子どもにとって当たり前ではないということが大切です。そのことを心と身体を使って，自分自身でわかる機会を保障するのが遊びです。ある意味では，「水を絶対流す」とまでも思っておらず，たまった水に泥を入れたり，すくってみたり，縄を入れてみたり，蓋をパッチリ合わせることやズレたところを修正すること自体も楽しいようです。

　こうして目的を共有したり，思い思いのことをしたりして，時間が流れいくのですが，興味の対象が同じであり，その目的も共有しているところが，2歳児の事例とは異なる点です。

　また，この事例では，子ども同士が会話を楽しむ様子があります。アユミちゃんは，まるでマドンナのようで，男の子たちがアユミちゃんを笑わせて楽しんでいます。アユミちゃんが，おもしろかったエイタくんの話を再現して友達に伝え，それを共有する姿には，2歳児のときには薄かった意味の伝達と共有が見られます。

　2歳児の事例で見たように，ごっこ遊びのやりとりは，まだこの時期も保育者を相手にしたほうがスムーズです。保育者なら，ほぼ確実に自分のアクションに応えてくれます。子どももそれがわかっていますし，承認欲求も重なって，一番に保育者を求めます。

　3歳児の保育者と子どものごっこ遊びを見てみましょう。

### 事例5-5　3人のお医者さん

＿＿ ◦ ＿＿ ◦ ＿＿ ◦ ＿＿ ◦ ＿＿ ❈ ＿＿ ◦ ＿＿ ◦ ＿＿ ◦ ＿＿ ◦ ＿＿

　サキとレナとアイコがお医者さんになって，保育者のところにきます。アイコ「お腹痛くないですか？」，保育者「痛いんです！　先生，診てください」というと，3人がそれぞれ保育者のお腹に聴診器をあてます。サキ「食べ過ぎですね」，保育者「食べ過ぎ！　それじゃ，お薬ください」というと，サキ「注射ならあります」といって，保育者をおもちゃの注射器で打ちました。保育者が「アイテ！」というと，3人で「うひゃひゃひゃひゃひゃ」と笑います。そして，3人で交互に何度も「グサッ」といって，保育者を刺します。

> サキが「心臓も見ましょうか」といって，保育者の心臓に聴診器をあてます。サキ「車の音がします」，保育者「ええっ！！　先生，私，車だったんですか！」とおどろくと，また，「うひゃひゃひゃひゃひゃ」と３人で笑います。それからまた，サキが保育者に聴診器をあて，「アイスクリームの音がします」というので，「ええっ！　そいじゃ，私，溶けちゃうんですか！」というと，また，ゲラゲラと笑います。このやりとりを何度も繰り返します。

　この遊びも，「いないいないばぁ」のような単純な構造をしており，子どもたちは自分たちの刺激に対する保育者の反応を楽しんでいます。２歳児の事例でも見たように，子どものイメージはそのときの直感がものをいうので，とても適当です。そして子どもは，同じ場にいても自分の興味や関心にしたがって注意がそれていくので，確実なやりとりは保育者のほうができます。

　事例のような保育者とのやりとりを通して，発話を受けて返す楽しさを重ねていくことが，子どもの遊びを豊かにしていく基盤となります。実際，この事例では役割分担にはまだなっておらず，全員が同じ役を楽しんでいます。

　ところが，４歳児になると，ずいぶんと様子が変わってきます。

## ［3］４歳児の遊びと子どもの関係 ●◦●◦●◦●◦●◦●◦●◦●◦●◦●

　この頃には，役割分担がはっきりとしてきて，友達と一緒に一つの世界をつくろうとし始めます。事例を見てみましょう。

> **事例 5-6　私，何になる？**
>
> ───◦───◦───◦───◦───❋───◦───◦───◦───◦───
> 　リナとアズサが，テラスにままごと道具を出して，ままごとを始めます。そばにいた保育者が招待されます。リナがお母さんで，ごちそうをつくりに部屋に戻ります。アズサがお人形を抱いて，お料理をしながら待っています。
> 　ナオが鉛筆と紙をもってやってきます。ナオ「仲間に入れて」，アズサ「だめ」と通せんぼします。保育者「アズサちゃん，私，ナオちゃんと仲良しだから，入れてあげて」と頼むと，ナオ「（私は）何になる？」とアズサにたずねます。アズサ「リナちゃんが，お母さん，アズサは，お姉さん」，ナオ「ナオもお姉さんやっていい？」，アズサ「………」，ナオ「ねえ，ナオもお姉さんやっていい？」，アズサ「………」，そして黙ってお料理を始めます。保育者「じゃあ，お料理のお姉さんと，お勉強教え

てくれるお姉さん」というと，ナオが笑顔を浮かべ，字を書き始めます。アズサ「アズサも書けるで」といいます。ナオが自分で書いていた紙を渡し，「アズサちゃん，ここに書いたら？　私，こっちに書くから」といいます。

　そこへ，リナが帰ってきます。ナオ「ナオも仲間に入った」，リナ「じゃ，なに？」，ナオ「……」，保育者「(ナオちゃんは) お姉さんで，お勉強教えてもらってた」，リナ「ねえ，これ 3 つにしてテープで貼って，つくってきてくれない？　お部屋で」といいます (お花紙を 3 枚丸めてテープで貼ったもの)。

　そこから 2 人で何か話をし，リナ「じゃあ，猫になって」とナオにいいます。そこで，ナオは「にゃぁ」と猫のフリを始めます。リナが「じゃあ，これを 3 つにして，テープで貼って，つくってきて」と指示し，ナオ「にゃぁ〜」といって，つくりに行きます。リナは，フライパンでお料理を始めます。アズサは，字を書いています。ユウキがお客さんで来て，絵を描き始めます。

　ナオがごちそうを 3 つつくって戻ってきます。リナ「もっとつくってきて」，ナオ「にゃぁ〜！」といって，走っていきます。アズサが「猫ちゃん，急いでる」と笑います。ナオ「にゃぁ〜！」と一つつくってきます。リナはナオの頭を撫で，「もうちょっとつくってきて」といいます。ナオ「にゃぁ」と走ってつくりに行きます。

　リナがお料理をお皿に盛り始めます。「どうぞ」と保育者に渡します。保育者「おいしそう」，リナ「ちょっと待って。猫ちゃん，呼んでくるから」といって呼びに行きます。リナ「あと，もうちょっとで，お片づけ」と戻ってきて，ナオも戻ってきます。「にゃあ」とつくってきたごちそうを (何度も行かされたからか) 投げます。

　リナがナオにごちそうをよそい始めます。リナ「アミっていう名前ね」，ナオ「にゃあ」，リナ「どういうごはんがいいかな」，ナオ「ニャッ，お味噌汁いや」といいます。そして，リナのよそっているごちそうを見ながら，ナオ「みどり，いや。これとこれ」といって緑を投げます。「青が一つで，緑が一つ」，リナ，ゆっくりていねいによそっていきます。ナオ「ねーねー」，リナ「待って」，ナオ「全部の色がいい。全部の色」，リナ「じゃあ」といって，別の器に全部の色を入れます。

リナが「あかちゃん。みんなでいただきますしますよ」というと，ナオが「誰にいってるの？」と真顔でいいます。リナ「あなた」，ナオ「？」，リナ「みーちゃん……，（ちがった）ナオちゃん。はい，どうぞ。はい，あなたごはん」とナオの前に置きます。そして，保育者の前にも置き，「はいお客さんの。みんなでいただきますしますよ」といいます。

　　4歳児の保育室に行くと，遊びのなかで，いろんな取り決めの会話が飛び交っていることが印象的です。それぞれが，別の役をやるという場合が多いでしょう。この事例でも，仲間に入ると，まず役の話になっており，リナが帰ってきたときも，まずナオが何の役になったのかたずねています。どんなごっこの世界にするのか，自分たちがつくる世界の枠組みを自分たちで決めようとしているのです。

　　いつもはリナとナオがよく一緒に遊んでおり，アズサは別の子と仲良しです。アズサはリナとの世界を大事にしたくて，ナオを最初に断ったのかもしれません。保育者のとりなしで，ナオは仲間に入ります。そしてさらなるとりなしで，お姉ちゃん2人になったわけですが，保育者のとりなしでは，世界が決まっていないところが印象的です。帰ってきたリナとの話し合いで，ナオは猫になり，ごっこの世界の枠組みが決まります。余談ですが，ナオがごちそうを投げたり，ご飯のわがままをいったりする場面があって，こうした「あるべき姿でなくてよい」ところが猫役をする醍醐味なのでしょう。

　　後半，リナが「猫」を「あかちゃん」と間違えたときに，「誰にいってるの？」と，ナオは真顔で困惑しており，さらに名前まで間違えたリナは，お母さんの雰囲気を壊さずにごまかしていますが，こうしたズレや適当さを含みながら，子どもの遊びは流れていきます。

　　彼女たちがつくったごちそうも，具体的なイメージはないようです。ナオが直感的に色から野菜をイメージしていますが，結局，色の名前で，ごちそうを呼びます。お母さんのフリをして「ごちそう」をよそい，猫は嫌いなものはよけてもらう，ということがここでは重要であり，とくに何かでなくてもよいのです。宝石屋さんなどでは，最初指輪が3個しか売ってなかったり，ローラースケートやお人形が売られていたりします。思いつきでつくった物を売りたいのです。この時期の子どもらしい適当さだといえるでしょう。

　　物を扱い，遊びに必要なものをつくるという姿は，この時期から盛んになってきます。2歳児や3歳児のような，素材そのものとの試行錯誤から，イメージにそった素材選び，イメージを実現するための試行錯誤へとステージがあがってくるのです。

## ［4］5歳児の遊びと子どもの関係 ━━◆━━◆━━◆━━◆━━◆━━◆━━◆━━◆━━

　5歳児になると，目的の共有の中身がはっきりとしてきて，それに向かって，それぞれが役割分担をして協力するようになります。マジシャンごっこの事例をみてみましょう。

### 事例 5-7　マジシャンごっこ

━━◦━━◦━━◦━━◦━━◦━━❂━━◦━━◦━━◦━━◦━━◦━━

　タクヤ，アキト，コウヤ，アツシ，マサトらで，マジシャンごっこが連日続いています。大型積み木で，囲いをつくり，そのなかにタクヤが入って，アキトがマジシャン役になって布をあてます。「オリーブの首飾り」の曲に合わせて，裏方が背の壁を外し，タクヤが抜け出して，裏方が壁を元に戻し，消えるというマジックです。装置の前には，観客用の椅子が並べられています。

　園長がマジックに招待されます。アキトが恥ずかしがって役を降り，代わりにコウヤが構えています。いざというとき，うしろから「アキトやれよ」という声があがり，保育者も「やったら？」と（せっかくなのに……）というようにいいます。少しアキトの表情が動きました。それを見たコウヤが，布をさっと渡し，「はい。アキト」といいます。アキトが受け取って，曲が鳴り始めます。

　大道具係が，うしろの壁を外し始め，「うしろに，おらんで」と，むしろ答えを数回いいます。うしろの合図とともに，ぱっと布を外します。タクヤが忽然と消えており，普通におどろいて園長が拍手します。全員が，満足そうな笑顔を浮かべます。

　この遊びは，「マジック」というテーマで，「タクヤくんを消す」という目的のもとで，子どもたちが，それぞれの役割を引き受けながら協力して遊びを進めています。うしろにいないと，むしろ種をばらすところが，子どもらしいところです。

　大型積み木でマジックの装置をつくること，できた場所に隠れること，布で隠すこと，曲に合わせて裏方が装置を操作すること，消えること，合図を送り，布を外しておどろかせること，こういった一連の事柄を全員が共有して，それに向かって必要な

行動を取ります。5歳児ならではの遊びだといえます。

　また、この事例では、5歳児らしい仲間意識も見られます。日々の遊びの場面とはいえ、ずっとその役を頑張ってきたアキトくんに、クラスを超えた外部の客への晴れの舞台を踏んでほしいとみんなが思い、それにあと押しされてアキトくんがんばります。過程をともにし、よろこびをともにしたからこその姿でしょう。

　このような役割分担ができる能力は、役割の分化によって遊びが成り立つ鬼遊びやドッジボールで、よりはっきりと発揮されます。次にドッジボールの事例をみてみましょう。

---

### 事例 5-8　ドッジボール

――。――。――。――。――。――※――。――。――。――。――。――。――

　ドッジボールをしようと、15人ほどが集まります。「女の子対男の子」といっています。その場に女の子はレイしかおらず、保育者が「レイちゃんしかおらんやん」というと、保育者を指さします。保育者「はぁ。じゃ、2人」といって、レイちゃんが外野に行き、保育者がコートに入ろうとすると、それを見た数人が「じゃ、おれ女子行くわ」といって移動してきて、ほぼ均等になります。

　ゲームが始まると、途中で4、5人が仲間に入ってきます。早いボールの展開のなか、突然一人がよけきれないと思ったのかヘディングをします。「頭やき、セ～フ～」といいます。顔に当たっても、「顔やき、セ～フ～」といっています。

　だいたい、当てるときは足下へ、外野にパスするときは、山なりに投げています。ときどき、ボールの取り合いになります。見ていたケイタが「はい、リョウ！」とジャッジをすると、取り合っていたユウヤが手を離し、すぐにリョウがボールを投げます。当たったか、当たってないか、首より上か、上でないか、見た子が次々にジャッジをくだしています。

　外野のボールの取り合いでは、間に合わないと判断したカナタくんが遠くにボールをけり時間を稼ぎます。次のときはハルトくんがカナタくんにタックルして激しくボールを取り合い、奪い取ったカナタくんが投げます。残り一人になると「あと一人！」と盛りあがりますが、案外終わりにはならず、ゲームが続いていきます。

　当たっても黙って外野に行かない子もおり、「あたったよ、いま」と指摘されると素直に移動します。保育者が2連チャンで子どもを当てると、「おれ、こっち」と数人の男の子が、保育者のいる相手コートに移動してきました。

---

　ごっこ遊びのイメージの共有とは違い、ルールのある遊びでは「勝負すること」が子どもたちのテーマになります。2歳児や3歳児の頃は、おもに保育者と「むっくりくまさん」のような単純な鬼遊びを楽しみます。そして、およそ4歳児から、氷鬼や

アメリカンドッジボールなど，ルールのある遊びのなかで，数限りないトラブルやフェイドアウトを経験した先に，自分たちでゲームを楽しむ姿が出てきます。

　ルールのある遊びを子どもたちだけで続ける秘訣は，「こだわらないこと」です。事例で子どもたちが一番に思っていることは，「自分がボールを手にしたい」ということです。そのために熾烈な争いをします。しかし，ここでトラブルに時間を取ると，遊びがつまらなくなってしまいます。それがよくわかっているからこそ，第三者のジャッジが入ります。自分たちのこだわりを超えて，第三者の公平な目に委ねられる姿勢は，5歳児としては大きな育ちだといえます。

　しかし，子どもはみんな負けず嫌いです。それゆえにズルも出ます。指摘されても，泣いたりしないで，「ばれたか」としたがう軽さ，適当さが遊びでは大切です。強いほうに，ちゃっかり移動する姿も，子どもらしい姿でしょう。

　この遊びで，子どもたちがおよそ無意識に大事にしているのはリズムです。ボールの速度と，よけて，受けて，投げるリズムが合ってこそ，楽しさが生まれます。一つひとつ理を通して中断することよりも，全体的なリズムを優先させるのが，遊びの世界なのです。この適当さ，曖昧さを受け入れられることが，しなやかに生きることにつながっていくのだと思います。

## 3　子ども相互の関係性と関係づくり

### ［1］物との関わりを統合し，人とともに世界をつくる ●━◆━●━◆━●━◆━

　子どもは，人との関わりによろこびや安心，そしてときには緊張を味わいながら育ち，物との関わりにおいて，それらを使いこなせるようになりながら，世界を広げていきます。なめたり，触ったりして，そのものを感じ，扱って，試行錯誤しながら，何のためにそれがあるのか，どうやって扱うのかを学んでいきます。

　たとえば，はさみは，赤ちゃんにとって，2つの穴があいた銀色に光るとがった物でしょう。そのうち，はさみは何かを切る物であることを知ります。そうすると，切ることそれ自体がひたすらに楽しくなります。そしてそれを自由に使いこなせるようになると，人の顔をつくるために，丸を切るといった目的を達成する手段として使いこなすようになります。そして，子どもたちは，物を扱うことを通して，目的を共有し，友達と新しい世界をつくりあげていきます。

　事例でみたように，ボールを扱えなければ，ドッジボールは成立しません。テープをじょうずに切ることができなければ，思った通りのごちそうをつくることはできないし，積み木を見通しに沿って積むことができなければ，マジシャンごっこはできません。そこに至るまでには，その子なりのペースに応じた，たくさんの試行錯誤が必要です。それぞれが物との関わりを統合していくなかで，目的を共有して，協同的に

物事を進めていくといった人との関わりが洗練されていくのです。

　人は，物を扱うことで世界を広げ，見通しをもち，イメージを豊かにします。そしてそれを，他者と共有し，一つの世界をつくりあげていくよろこびを得ていきます。事例でみてきたように，およそ２歳児，３歳児までの間，人と関わることと物と関わることは，あまり共存していません。それが，発達とともに，物との関わりを通してイメージや意図を共有し，物事を進めていくことが主題となっていきます。

　子どもの遊びの世界は，とても自由な世界です。数限りない失敗と数限りない（非常に単純な理由による）トラブルのなかで，子どもたちもそれなりの苦労をしています。しかし，それでも遊びには，先を自分たちで決めることができる希望に満ちたわくわく感があります。物との関わりを統合しながら，自分たちなりの世界をわくわくしながらつくっていくこと，保育者は，これを支えるためにいるといっても，過言ではないでしょう。

## ［2］「今」を生きる子どもはトラブルを通して育つ ·—◦—◦—◦—◦—◦—◦—

　人は，表象の能力によって，ことばを紡ぎ，記憶を整理し，過去をつくりだして未来を描きます。たとえば，毎日，お弁当を食べているという過去の記憶から，明日もお弁当を食べるだろうという予測が成り立ちます。その点でいえば，言語が未熟で，物事を直感的にいろいろとたくわえている最中の子どもは，ほぼ今を生きている存在だといえます。５歳児で，一週間後の予定に合わせて，自ら準備をしておく子はまずいないでしょう。年齢が小さければ，小さいほど，子どもは「今」を生きています。

　「今」という時間は，何かがやってきて，過ぎ去っていく時間です。たとえば，土で遊んでいても，鳥が鳴いたから追いかけに行くとか，ダンゴムシを見つけたら，捕まえようとして何をやっていたか忘れるといったようにです。何かが起こることが楽しい時期の子どもにとって，土をこねて遊んでいることも，鳥が鳴くことと，そう大差ないのです。ところが，ピカピカの絶対割れない泥団子をつくってみせる，と決意している子どもにとっては，鳥やダンゴムシが，泥団子づくりをやめる理由にはならないでしょう。子どもは，次第に自分の目的に向かって動くようになり，５歳児にもなれば，自分たちの目的に向かって力を合わせるようになります。

　子どものトラブルは，およそ物の取り合いがほとんどであったところから，年齢とともに，約束をやぶった，仲間はずれにされた，やりたいことが違うといった友達同士の関係へと変わっていきます。

　基本的に，おもしろいこと，楽しいことにのっていくのが子どもたちです。そしてそれは，友達と同じときもあれば，違うときもあります。子どもの遊びは，至極適当さを含んでおり，自分勝手で気ままなところから始まります。それゆえに，トラブルはひっきりなしに起こります。

保育者は，トラブルを積極的な教育の機会としてとらえ，彼らが何を学んでいるのかを見極めていく必要があります。一人の子どもが自分を出せずに困っているときは別として，子どもは適当さによって，多くのことを乗り越えています。細かいことはスルーする，自分のこだわりよりも，先にある楽しさを優先する，遊びが軌道に戻ることによって，さっきのこだわりを忘れる，といったようなことが，そここで散見できます。

　秩序は，そもそも快適さのためにあります。数限りないトラブルを体験した子どもは，自分の案配を知り，快適さに向かって自己を抑制するようになるのです。友達のジャッジに助けられることもあるでしょう。将来，他者と生きていくために必要な規範意識は，こうして育つのです。外からの命令や抑圧では決して育ちません。

　そのためには，まずは，それぞれがわがままを発揮することが大切です。大人にとってみれば，子どものトラブルの内容はあまりにささいなことです。だからこそ，すぐに忘れることができます。しかし子どもはそこで，思い通りにいかない悔しさ，悲しさ，それを乗り越えたよろこび，安堵をしっかりと体感しています。これこそが，生きる力となるのです。

　トラブルに対する保育者の役割は重要です。励まして適当に流したほうがよいのか，真剣に向き合わせる必要があるのか，さまざまな判断がいります。「もう，そんなことぐらいで落ち込むことはやめなさい，気持ちを切り替えて，次に向かいなさい」と願う子どもには，励まして適当に流すことが有効かもしれません。相手の嫌な気持ちに気づきながら，常に自分のわがままを通そうとする子には，きちんと向き合わせることが大切でしょう。また，自分の思いを伝えられない子どもにも，向き合う勇気をもたせることが大切です。すべては，子ども理解が鍵を握っています。同時に，その保育者の保育観も問われることになります。

　このことを，一保育者の努力に帰することには，限界があります。日々，変わり続ける子どもの今を理解していくことと，自分の保育観を見直す機会をもつことについて，個人の努力とともに，理念を共有する職場としての努力も求められるでしょう。

（設問）

ある出来事に没頭していた子が，片づけの時間になって，まだ遊びたいと片づけを嫌がっています。あなたは，どのような声をかけますか。「ある出来事」を想定した上で，考えてみましょう。

［さらに学びを深めるために］

・岩立京子・河邉貴子・中野圭祐編著『遊びの中で試行錯誤する子どもと保育者』明石書店，2019

　子どもの試行錯誤する姿を「扱う」「試す」「工夫する」「挑戦する」の4つの様相から読み解き，保育者の援助について考察しています。子どもがさまざまな出来事に興味をもち，多様な試行錯誤を通して学びを深めていることがわかり，保育という仕事のおもしろさを感じられる本です。

・小川博久編著『「遊び」の探究 ——大人は子どもの遊びにどうかかわりうるか』生活ジャーナル，2001

　子どもの遊びを保育として位置づける基本に「伝承遊び」を置き，「砂遊び」「ことば遊び」「鬼遊び」「歌」「ごっこ遊び」など，多様な側面から子どもの遊びをとらえ，そこに大人がどう関わることができるのか考察します。保育について深い学びを得られる本です。

［参考文献］

・西村清和『遊びの現象学』勁草書房，1994

# 第 6 章

# 集団における経験と育ち

## 1　クラス集団での育ち

### ［1］クラス集団のなかで導かれる「変化」

　個別の訓練では，あまり生活習慣やスキルの向上がみられなかった障害児が，集団保育の経験のなかで大きく変化したというケースは少なくありません。たとえば，渡部信一[1]は，深刻な偏食傾向をもつ子どもが，専門的な食事訓練を受けても，母親が食べさせたい一心でさまざまな努力をしても，また保育者のマンツーマンの関わりによっても食べなかった食材を，子ども集団のなかでごく自然に過ごすうちに，いつのまにか食べるようになった事例を報告しています。クラス集団の何がそのような変化をもたらすのでしょうか。ここでは，渡部の結花ちゃんの事例をかりて考えてみます。

> **事例 6-1　すみれ組と結花ちゃん**
>
> 　結花は，４歳で幼稚園に入るまでは，卵と納豆をまぜた御飯など限られた食べ物を親がスプーンで運んでやっと食べていた状態でした。専門家の指導のもとで母親が自宅で噛む練習を熱心に行い，療育センターで食事訓練を受けていましたが，食事面に関する変化はほとんどありませんでした。それが入園を機に著しい偏食改善が認められるようになったのです。以下は母親の記録（幼稚園の連絡帳から育児日記に書き取ったもの）からの抜粋です。
>
> ・４月：入園
> ・５月28日：幼稚園の誕生会でカレーを三口食べる。デザートのバナナは今まではぜったいに食べなかったのに，最初はなめていたようですが，３cmほど食べたとの

こと（先生より）

・5月31日：おべんとうのじゃがいもを先生からすすめられて食べました。最近は遊ばずに自分でよく食べるようになり，他の子どもたちからも，結花ちゃんが一人で食べられるようになったね，と声をかけられるほどです。おべんとうを全部食べると子どもたちが喜びます（先生より）

・6月1日：今日はうちでもバナナをあげてみましたが，ぜんぜん食べませんでした（母親から）

・6月4日：子どもたちが最近，いちごを持って来た人，とか言ってこれに応じて持って来た子どもが，ハーイ，と手を上げるのが流行しています。このとき，教師が手伝ってこの遊びに参加させます。時々，納豆御飯もってきた人，と言ってくれる子どももいます。そんなときは，結花ちゃんだけ，ハーイ，と手を上げます。弁当の中身が同じということで友達関係を深めているようです（先生から）

・6月12日：今日は弁当の中身がおにぎり弁当ということで，全員びっくり，皆がのぞきこみました。はしを使う結花ちゃんを見て，ぼくたちと同じだ，と大喜び，結花ちゃんもいつもと違う子どもたちの反応に気づいて終始うきうき，ソワソワ，はしと手でおにぎりは2個とも食べました。デザートのメロンはパクパク食べましたよ（先生から）

・6月18日：結花ちゃんが自分で最初に食べたのはメロンでした。……中略（原著者）……おもしろかったのはゼリーでした。となりのみさ子ちゃんがゼリーの容器のふたがあかないと持って来ました。それを見ていた結花ちゃん，みさ子ちゃんがおいしそうに食べるのを見て，結花ちゃんもいっしょに食べました。結花ちゃんのおたのしみはゼリーやね，とそばで見ていたあいちゃんも大喜び。最初メロンを食べ終えたとき，教師がすすめてもダメだったのですよ。全部食べたことは，昨日のすみれ組のトップニュースでした（先生から）

（渡部信一『障害児は「現場」で学ぶ　―自閉症児のケースで考える』新曜社，2001，pp.34-36）

　このように，子どもたちのなかでは「皆と同じ」というのが，とてもうれしいものになっていて，結花ちゃんも「一緒に食べたい」「同じように食べたい」「食べてみようか」と変化していった過程が示されています。そこにあったのは，結花ちゃん自身の，子ども集団という「共同体に属することの楽しさ・心地よさ」であり，渡部は，それが大きな支えとなって「育ち」や「学び」が成立していると述べています。それでは，そのような「共同体に属することの楽しさ・心地よさ」は，どのように育まれているのでしょうか。

## ［2］「すみれ組」の文化的実践

　発達という現象を，個人の資質や能力だけの問題とせずに，その人がおかれた社会文化的な状況との関わりのなかでみていくことを「発達の社会文化的アプローチ」と呼びます。社会文化的アプローチの旗手の一人，米国の発達心理学者ロゴフ（Rogoff, B.）は，人間は自らの属する共同体の社会文的活動への参加の仕方の変容を通して発達するという考え方を展開しています。彼女は，人間がどのようにふるまうのか，どのような力を発揮するのかは，共同体で繰り返される状況がどんなものか，その行為や出来事に，どのような文化的意味が与えられているか，また活動のなかで学んだり特定の役割を果たしたりすることに対して，どのような支援が提供されているかということに依存していると述べています[2]。

　そのような視点から，すみれ組の日常に織り込まれた意味を探ってみます。母親の日記には「今日は○○を食べたんですよ」といった保育者の報告がうれしそうに綴られており，保育者が母親の心配にも気を配りながら，結花ちゃんの食事行動を見守っていた様子がうかがえます。この保育者は，自分が結花にすすめてもダメだったゼリーを，みさ子ちゃんにつられるように食べたことなど，大人の援助以上に，仲間との関わりのなかに結花ちゃんの変化があったことを見逃していません。結花ちゃんが食べ物を口に入れるとクラス全体でよろこんだとあり，この集団には何らかの経験を分かち合う下地ができているようです。

　なかでも興味深いのが，「○○もってきた人ー？」―「ハーイ」のやりとりです。保育者も，この出来事を好ましいこととして関わっていたようですが，子どもたちは，呼びかけと応答という談話形式を用いて，遊びを組みあげています。保育者に水を向けられてか，自ら思い立ってか，仲間の「納豆御飯もってきた人」という呼びかけは，結花ちゃんにやりとり遊びにおける明確な役割を提供しています。一方で，結花ちゃん自身のユニークなありようがなければ，そのような内容の呼びかけにならなかったでしょうから，その意味ではお互いに活動へ参加を方向づけ合っているといえるでしょう。

　このようなやりとり遊びで子どもたちが体得しているのは，特定の場面で使う言いまわしや動きだけでないように思われます。たとえば，適切に話す番を得たり与えたり，まだ手をあげる機会のない仲間を気遣ったり，気遣ってもらったらそれに応えたり，「お返し」をすることの大切さなどを学んでいるのではないでしょうか。子どもたちと保育者は，普段の集団生活のなかで，社会的ルーチンや役割を練習したり演じたりすることによって，文化的に価値のあるやり方を行為で表すことに自然に巻き込まれているようにみえます。すみれ組という共同体において「心地よさ」が共有されていく過程には，そのような，互いに相手の行為を構造化し合いながら，それぞれのあり方を認め合っていくような実践の積み重ねがあったのではないかと推察されます。

保育や教育の現場には，「集団づくり」や「学級経営」という言葉があり，保育者や教師が主体として語られることが多いようですが，すみれ組の事例は，保育者も子どももメンバーの一人ひとりが共同の営みへの参加を相互に導き合っていることを教えてくれます。

## <u>2</u>　　集団への参加，集団の発展に関わる保育者の援助

　社会文化的アプローチでは，園やクラスの一員であることを「共同体への参加」とみなします。ただ，「参加」には，さまざまなかたちがあり，社会的に望ましいとされる実践や技能に限定されるものではありません[3]。からかい，競争心や敵意が表出される関わり合いなどが繰り広げられる場合もあります。共同の営みへの参加におけるコミュニケーションや調整は，人がどのように発達するかに関わる重要な側面です。それらは実際にどのように行われているのでしょうか。そのことについて検討するために，本書第2章の事例2-1のクラスの面々に，再び登場してもらうことにします。

　実はモトキは，年長に進級してしばらくの間，「○○（園名）なんてなくなってしまえばいい」「△△なんていなくなればいい」というのが口癖だった子どもです。それが，その年の暮れには正月飾りを制作する仲間を横目に，自分はつくらないと言い張って，その理由が「だって，新しい年がきたら卒園してみんなとお別れなんだよ，そんなの絶対嫌だー」と泣いて訴えたという逸話を残すほどになりました。

　保育は絶え間なく続く営みであり，そのすべてに意味があることは，いわずもがなでしょうが，サオリ先生たちはいくつかの出来事や活動がモトキだけでなく年長組の子どもたちの生活の節目になったととらえています。その一つが先に紹介した発表会の劇づくりです。

　発表会は，地域や家庭ともつながりながら園全体，クラス全体で取り組む活動です。また，発表会や運動会のような行事は，子どもが出会う通過儀礼の典型であり，文化実践への参加という点で本質的なものといえます。それぞれのメンバーの劇づくりへの参加のあり方をみていきましょう。

### ［1］集団活動の始まり　―劇づくりへの「参加」　◆━•◄•◄•◄•◁◈▷•►•►•►•━◆

　モトキのいた年長組は，クラスの半数以上が発達の凸凹が大きく個別の支援が必要とされる子どもたち，残りのいわゆる定型発達の子どもたちも当然のこととしてそのときどきに気にかかる様子があり，かなりの個性派ぞろいです。入職4年目で主担任となったサオリ先生によれば，4月・5月は何かにつけてトラブルが絶えず，誰かが「また泣いて」「また怒って」「また揉めて」，絵本の読み聞かせも難しかったそうです。ベテランの3名の副担任にバックアップしてもらいながら，とにかく「一人ひとりが

遊びを楽しめる」ように，「みんなでやった」と思える活動になるようにと意識して，大げさでなくあらゆる場面で試行錯誤を繰り返したといいます。

　9月の運動会で子どもたちは，保育者や保護者の心配をよそに，堂々とした演技を披露して，観客の拍手を浴びました。高ぶった気持ちの余韻が残るなかで，リーダー格のケンがそのとき流れていたBGMのミュージカル曲から連想したらしく「発表会さぁ，ライオンキングやればいいじゃん」とさらりと口にすると，ほかの子どもたちもそうだねというような顔をしています。いつの間にか彼らの意識の先に「自分たちがほかの人々をよろこばせる世界」ができつつあったことは，サオリ先生にとってうれしいおどろきでした。

　例年，この園では，11月の発表会の年長組の劇は昔話を題材にしたものが決まりのようになっていましたが，サオリ先生は「本当にやれるのか？　半信半疑だけれど，みんながやりたいと思える劇をやらせてあげたい」と，年長組オリジナルの「ライオンキング」の劇づくりが始まりました。サオリ先生がつくった紙芝居を皮切りに，先生たちと子どもたちが一緒に脚本をつくりあげ，配役を選び，舞台を盛りあげるセットや音楽にもみんなの知恵と技を結集していきました。

　第2章の事例2-1では，モトキが王様役で苦労したエピソードを取りあげましたが，見せ場の台詞は，「息子よ，よく聞け。強くなるために3つの約束を必ず守るのだ。一つ，どんなこともあきらめないで最後まで頑張ること。二つ，仲間と家族を大切にすること。三つ，ゾウの墓場に近づかないこと」でした。ピンときたでしょうか。この一つ目と二つ目の約束には，年長組の子どもたち全員に伝えたい，先生たちの思いが込められていました。

## ［2］それぞれの先生たちの持ち味 ◆━◆━◆━◆━◆━◆━◆━◆━◆━◆━◆

　そうはいっても現実には，発達の凸凹の大きい，能力も関心もさまざまな子どもたちのことですから，簡単にことが運ぶはずもなく，集団はシビアな課題と向き合うことになりました。モトキに限らず，ほとんどのメンバーが役の動きや台詞に苦しんでいましたし，自分の役柄はこなせていても，まわりの仲間をからかって泣かせてしまったりする子どももいました。活動に「参加」はしていても，仲間と協働することに意味を見いだすような関わり合いとは程遠い状況です。

　集団の活動ではよくあることともいえますが，停滞や混乱の場面で実際に保育者たちはどのようにふるまっているのでしょうか。その一例として，台詞につまったモトキがパニックになったときの保育者たちのあり方に注目してみましょう。以下はサオリ先生からの聞き取りです。

### 〈先生たちの参加のあり方　──「語り」の実践〉

　よくミドリ先生（副担任）とモトキが，どちらからともなくポーチに出て，モトキの気持ちが収まるまで並んで腰をおろしていましたね。「何が嫌だった？」「うん，うん，そうか」「どうしたらいい？」って。練習は中断してしまって，大人の手も足りなくなるし，正直「またか」の場面なんですが，二人の後ろ姿はいい雰囲気だったんですよね。

　その間に，自分（サオリ先生）は，ちゃちゃを入れたケンを別室に呼んで，「モトキはああいうの，気にするよね，わかるでしょ」「あのタイミングで，あのいい方はどうなの」というような話しをしました。ケンは"ちょっと，まずかったな"というような表情でしたね。でもまた次の日も，ほかの仲間に「バーカ」といったりするんですよね，これが（笑）。

　まあ毎日，何かが起こるので，そういうのは特別なことではなくて，午後の休憩時間は，ずっとしゃべってました。誰々がどうだった，誰々はこうだったって伝え合う声が途切れないんですよ。アミ先生が「ダメだったー，お手あげ，あとは頼んだ」といいながら入ってきたりして。あの頃は本当に大変でしたけど，「次はこうしよう」って皆で考えて，エネルギーが湧いてきたというか。

　ほかの先生方（副担任）も，それぞれのやり方があって。アミ先生は「失敗したから笑うって，それって違うと思うよ」とストレートに伝えながら話し合っていく感じでしたね，子どもたちがハッとするのがわかりました。ハマ先生はまた違って，仲間との関わりをテーマにした絵本（注：タヌキがウサギをいじめて，それをとがめた森の動物たちに無視される話）を読み聞かせたりもしてました。「このクラスでも，誰かにイジワルする子は，みんなで無視するといいね」なんていって揺さぶると，子どもたちはぐっと考えてから「でも，そうなったらタヌキさん

はさみしいよ」「悪かったと思っているかも」などの意見がでてきたりして。もう
みんな必死でした。やれることは全部やった感じがあります。

　一般に劇づくりの活動は，発表会で披露するという，共通の明確なゴールがあり，
共通の目標に到達するために協力する必要性を高めるような社会的アレンジメントで
す。このクラスの先生たちも，共同体の一員として，してよいこと・悪いこと，推奨
されること・されないことについて，さまざまな語りや行為を通して子どもたちの理
解をうながそうとしています。その意味では，共同体への参加のあり方に関して，大
人から子どもに必要な知識・技能，文化的価値を伝え，方向づけている面があります。
　ただし，この先生たちの実践で特徴的なのは，ひと言でいうと「多様性」です。そ
ういう方法もあるのか，自分にはできないけどおもしろいなぁと，それぞれの持ち味
が違っていることをよろこび合い，尊重し合う関係が，子どもたちとの関わりのチャ
ンネルを増やしています。そのような，「自分らしく」あることを互いに認め合う先生
たちの関係性は，子どもたちの活動への参加のあり方にそのまま浸透するようです。
モトキのまわりで展開されていた仲間たちの "ホットな" やりとりからも，そのこと
がわかります。

## ［3］仲間たちの参加のあり方 ◆━•◦•◦•◦•◦•◦•◦•◦•◦•◦•◦•◦•◦•◦•◦━◆

　足が速くて運動が得意なカナは，舞台で竹馬に乗るキリン役に立候補しました。誰
もがカナにピッタリの役と思ったのですが，意外にも肝心の竹馬に大苦戦していまし
た。もう一人のキリン役の子がスイスイ歩けるようになっても，カナは両足で乗るこ
とさえできない日が続きました。持ち手の位置や角度，体重を乗せるタイミングなど，
アミ先生と確認しながら黙々と練習を繰り返すカナ。"あのカナがあんなに困ってる"，
誰からともなく「がんばれー！　できるよー！」と応援の声が飛びました。結局，カ
ナが竹馬に乗れるようになったのは発表会直前でしたが，そこにはカナの成功を自分
のことのようによろこぶ仲間の姿がありました。カナの悔しさ・つらさをみんな何と
かしたいと感じていたようです。「ともに苦労した仲間どうしが通じ合うって，ああい
うことをいうのかな」とサオリ先生がつぶやいたエピソードです。
　普段の生活では仲間に遅れをとることの多いユウやハルトたちは，力自慢のゾウ役
です。人前では緊張で固まってしまうメンバーが何人かいたので，こっそり皆の見て
いないところでサオリ先生とダンスの練習をしていました。ある日，ユウたちの動き
に先生は目を見張ります。当初の振りつけは，縦に一列に並んで円を描くように体を
くねらせるという簡単なものでしたが，ユウたちが踊るとそれぞれの動きがそろわず
絶妙に身体がズレて，さながらダンスボーカルグループのパフォーマンスのようにな
るのです。「これはいける！」と感じたサオリ先生が選んだ登場曲は，"ウィ・ウィル・

ロック・ユー"です。ユウたちもその気になって，"ドン・ドン・パッ"と力強く床を
踏み，真剣に見事にズレるようになっていきました。発表会当日，会場が一番沸いた
のは，このゾウ役のシーンだったそうです。

「○○にあんな力があったんだ」「なかなかやるね」といった，メンバーのよさや魅
力の新たな発見は，ともすれば固定化しやすい集団内の力関係や観念に新しい風を吹
かせて，活動を活性化させ，発展させてくれます。また何より，ユウたちが自分の可
能性に気づき，自信につながっていったことが重要でしょう。その子どものもってい
る個性が，どのような文脈で有効に機能し，魅力的に発揮されるのか，宝探しをする
ように一緒に考えてくれる先生たちとの関わり合いのなかで，子どもは自ら活動の十
全の参加者，実践者になっていきます。

　さて，ほかにも山あり谷あり，紆余曲折のエピソードは尽きないのですが，最後に
モトキについて触れておきます。劇づくりの活動でそれぞれが自分らしい参加のあり
方を模索するなかで，モトキへのからかいも次第に減っていったようです。モトキの
場面ではシーンと静まり返るようになり，「じれったいなぁ」といいたげだったケンも
黙っています。モトキが失敗すると，その場が「あぁー」と残念な空気になります。
いよいよ総練習が迫って，モトキがはじめて詰まらずに台詞をいい通した瞬間，「い
えたー！」という仲間の大歓声がわき起こりました。椅子から立ちあがってよろこん
でいる子，拳を握りしめている子もいます。モトキは照れて"え，たいしたことない
けど"というような顔ですが，やはりうれしさが全身に表われていました。

　このような情動反応について，発達と保育の研究者である川田学は，子どもの意識
が「自己」からはなれて，「他（者）」へと拡張されている"あらわれ"であるとして
います。さらに，そこには自己を超えたものと身体を介してつながっているという，
安心感や満ちたりた感じがあると述べています[4]。

　情動の伝染性と集団性については，発達心理学者のワロンも「人間は他人の情動に

面して平然としていることは難しく，同じ情動か，それと相補的な感情か，あるいは反感かを感じることになるが，一人ひとりはその個人的な調整の過程で情動的姿勢を自らとることによって集団の一部となり，全体と結びついていく」という考察を残しています[5]。

　確かにこの場面では，そこにいたメンバーの境界が融けあうように，自己を「他者の身に」拡張することが起こっているようです。このような体験が基礎となって，集団の〈つながり〉がつくられていくのではないでしょうか。

## ［4］集団の関わりのなかでの育ち，集団としての育ち ●━•━●━•━●━•━●━•━●

　発表会の出来事を振り返るインタビューの最後に，サオリ先生は次のように語っています。

> 「集団として高まるって，一人ひとり押し上げていくことではないなぁって……，うまくいえないんですけど，流せるようになるというか……，みんなで何かを味わえるようになるというか……」

　これはとても深い言葉ではないでしょうか。サオリ先生は劇づくりの実践への参加を通して，集団としての達成や成長は，一人ひとりのレベルを押しあげていく努力の先にあるものとは，何か違うという実感を得たようです。

　ここでいう「流せるようになる」というのは，同じ生活場面を共有する者同士の「そういうとらえ方や感じ方があるんだね」「よくわからないけど，そういうのもありかも」といった関わり合いのことだと思います。まさに佐伯胖が「開かれたWE世界」と呼ぶ「互いの違いを認め合い，互いがそれぞれ『自分らしく』あることを喜びあうような」[6]集団のあり方にも重なります。

　他方で，「みんなで何かを味わえるようになる」というのは，先に紹介したように互いの情動や身体が響き合い浸透し合うような関わりを指すものでしょう。要は，サオリ先生は，クラス集団としての成長は，「違いを認め合う」ことと「他者とつながる」ことが交錯する過程にあるのではないかといっています。

　この語りからもわかるように，サオリ先生は年長組の実践に参加するなかで，子どもたちや同僚から教えられ，気づかされて，保育や発達に対する考え方を更新しています。そのような考え方の「変化」は，今後の実践に反映されていくでしょう。このことは，サオリ先生だけでなく，大人も子どもも一人ひとりが集団の活動に参加し，関わりながら発達すると同時に，集団の活動も，そこに参加する多様なメンバーの関与によって発達的に変化していくことを示唆しています。

**ワーク1** 考えてみよう

> **（設問）**
> "相互の育ち合い，学び合い"が生じているクラス集団の実践とはどのようなものか，具体例をあげてみましょう。

## **3** 異年齢集団のなかでの子どもの育ち

　園にはクラス以外にもさまざまな集団が存在します。メンバーの多様性に導かれる発達ということでいえば，異年齢集団の関わりもまた子どもの世界の要所でしょう。この節では，「異年齢の関わり」のなかで，子どもたちが導かれながら学ぶことに焦点をあてます。

### ［1］知識，技能，経験を伝える関わり ◆━◆━◆━◆━◆━◆━◆━◆━◆

　3歳から5歳までの異年齢の混合クラス，いわゆる縦割りクラスやグループの実践は，多くの園で行われています。その保育の形態は，年間を通じて異年齢クラスで保育を行っている園から，曜日や日にちを決めて定期的に，あるいは年度はじめの時期や遠足などの特定の行事のときに，異年齢の活動を取り入れている園までさまざまです。また，教育的意図のもとで異年齢集団が組織されていなくとも，遊びの好みやきょうだい関係などから，クラスや年齢の垣根を超えた集団が，自然発生的に生まれることもあります。

　集団が成立する経緯や活動の内容は一様ではありませんが，新入園児を迎える時期には，進んで自分より年少の子どもの世話をする年長児の姿がよく観察されます。園生活の経験で一歩先をゆく年長児は，年少児の身支度や持ち物の始末を手伝い，遊び道具など必要なもののある場所を教え，給食やおやつのときはその子に合った量をよそい，率先して片づけて手本を見せます。先生や年少の子どもたちから感謝され，「すごいなぁ」と尊敬されると，自分の成長を実感し，ますます有能な自分を機能させよ

うとします。異年齢の子ども同士の関わりは，年長の子どもから年少の子どもへと具体的な知識や技能が伝承される場であり，「こんなこともできるんだ」といった自己概念や，「気にかけてもらえるんだ」という安心感にもつながっていきます。

## ［2］〈お世話する―される〉関わりのなかで

　以前にある園で筆者は，縦割りグループが新年度はじめて散歩に出かける場面に居合わせたことがあります。そのときは，年少児を真ん中にして，年中児・年長児が両側から手をつないでいたのですが，歩き始めるとすぐに何組かは転んでいました。危なっかしい足取りで，3人で"ぐふぐふ"笑って，また転びます。歩調が合わないのもありますが，それだけでなく，左右逆に履いていた年少児の靴が脱げたり，年少児がよそ見をして段差につまずいたり，うしろの子どもとおしゃべりしていて前の子とぶつかったりと，なかなか大変です。

　そのたびに，年長の子どもが，年少児の靴を履かせてあげたり，待ってあげたり，「行くよ」とうながしたりしています。そしてやりたい放題の年少児が「ちゃんと手つないでくれないからだよー」と勝手なことを言っても，「あー，はいはい」という感じで言わせてあげています。「おとなだねぇ」と思わず呟いてしまいましたが，大人なら揉め事になりそうな場面です。年長児の〈お世話〉は，「こうやるんだよ」と年少児に指導的に働きかける関わりと，「しかたないなぁ」と年少児のあり方を受け入れる関わりが，適度にバランスをとりながら前に出たり引っ込んだりしているようでした。そのような"かなり高度な"ふるまいは，年長児自身にも世話された経験があり，世話をされる側のイメージやかつて世話してくれた年長児のイメージに助けられて可能になるのかもしれません。

　片や年少児のほうに視点を転じると，今度はこちらのしたたかさや"配慮"もみえてきます。たとえば，自分でできるのに甘えて靴を履かせてもらうなど，自分から年長児に世話〈させている〉ような姿があります。また，逆に年長児のお節介をちょっ

と迷惑そうにしながらも，されるがままになって世話〈させてあげている〉といった風情のときもあります。つまり，世話〈されている〉年少児の側にも，年長児の世話を引き出す，受け入れるといった能動的な主体性が何らか働いているようです。

　このようにみてくると，〈お世話する—される〉関わりは，年長児と年少児が互いに相手を受け入れ，相手から引き出し，相手に働きかけていくような，主体的なあり方が嚙み合って，言い換えれば尊重し合って成立していると考えられます。

　ところで，上の事例の散歩には，年中児も参加しています。新入園児がくるまで，自分は真ん中で年長児に世話されていたわけですが，今は年少児の片側の手を握っている先輩の立場ですから，しっかりしなくてはという雰囲気です。年少児の世話をする余裕はまだあまりなさそうでしたが，それでも年少児を気にかけて，年長児と年少児の関わりをよくみています。この経験が年長児になったときに有効なガイドになるのではないかと思います。


## ［3］ちょっと先をいく年長児の "あとかた"　●—●—●—●—●—●—●—●—●

　異年齢の子ども同士の "差" は，子どもたちの育ちや学びに，どのような意味をもつのでしょうか。次のエピソードは，中沢和子が保育所・幼稚園での観察にもとづいて，子どもの "イメージ" の成長についてまとめた著書のなかに収録されていたものです[7]。

---

### 事例 6-2　もっと水をもってこい

—— ○ —— ○ —— ○ —— ○ —— ○ —— ※ —— ○ —— ○ —— ○ —— ○ —— ○ ——

（三歳児，Ａ幼稚園・五月下旬）

　五月末の晴れた日，保育者たちは意図的に四，五歳児を園外の散歩（小遠足）に連れだし，大きい子どもがいなくなった園庭に三歳児たちを誘いだした。子どもたちは，しばらく空いた園庭を走ったり，固定遊具を渡り歩いていたが，間もなく砂場と水道に集まってきた。出発前に五歳児がつくった砂の山や穴，大きなシャベルやそのほかの道具はわざとそのままにしてある。山のうえにのってみる，穴のなかに座るなど，まず砂場の状況にはいり込む子どももいれば，まったく無関係にふるいを取って揺すり始める子ども，砂を掘り始める子どももいる。十五，六分ほどで砂場の子どもたちは一人の傍観者もなく砂遊びにすべり込み，それぞれ集中した。…（後略）

（中沢和子『イメージの誕生　—〇歳からの行動観察』（NHKブックス353）NHK出版，1979，p.120）

---

年中・年長の子どもたちを園外に連れだして，年少児だけで園庭で遊べるようにしたのは保育者の計画でした。この時期，砂場のような限られた場所で年長児がいっぱいに活動していれば，3歳児は圧倒されて見ることに追われてしまうだろうという判断に拠ります。この実践の重要なポイントは，中沢も指摘するように，整然とならした砂場でなく，少し前まで5歳児が遊んでいた状況をそのままにしたところにあります。

　この場面では，異年齢の子どもたちの直接の関わりはないのですが，5歳児が砂場に残した"あとかた"をなぞるようにして，3歳児たちの活動が始まっています。また，これまでにも3歳児たちは，「自分もやってみたいなぁ」と思いながら，年長児の遊びを眺めて，それぞれにイメージを蓄えていたでしょうから，そこからも導かれるように，このあと模倣によると思われる砂場遊びが展開していきます。

　ここで留意したいのは，3歳児の再現や模倣は，自動的機械的に生じるのではないということです。模倣はそのときの能力によって一定の範囲で，ヴィゴツキーのことばでいえば発達の最近接領域で可能になります。簡単すぎても難しすぎても模倣は起こりません。3歳児はそれまでの観察や経験から，「やってみたい」「やれるかもしれない」「やってみよう」というように，模倣の可能性について，彼らなりの検討を行っているはずです。

　事例の3歳児が結果として"砂遊びにすべり込む"ことができたのは，5歳児による"ちょっと先"のガイドが3歳児たちの「やってみたい」気持ちを効果的に誘うものだったからではないかと考えられます。この"ちょっと先"というのが勘所で，先まわりし過ぎないで，ほどよく挑戦してみたくなるモデルを示すのは，園の異年齢の仲間の得意技といえそうです。

本章では，園の同学年集団と異年齢集団の事例を取りあげて，子どもと保育者が集団の一員として，多層的な集団の活動に参加し，関わりながら発達すること，そして集団の活動も世代や空間を超えた，さまざまな人々の関与によって変化し続けることをみてきました。

　集団生活に適合する行動をとれるようになることは，しばしば保育の目標の一つにあげられますが，それは子どもが集団に合わせていくとか，集団の価値やルールを受け入れていくという一方向的なものではなく，子どもも大人もいっしょになってよりよい参加のあり方を模索しながら，共同で構成していくものであると理解されます。

## ワーク2　書いて話し合ってみよう

---

これまでに見聞きした，異年齢を基礎とした実践を振り返り，印象に残った出来事をエピソードに綴ってみましょう。また，①そこでみられた子どもたちの育ちの様子，②そのような育ちを導く鍵となったこと，についてグループで話し合ってみましょう。

エピソード：




①：




②：



---

[さらに学びを深めるために]

・バーバラ・ロゴフ，當眞千賀子訳『文化的営みとしての発達　—個人，世代，コミュニティ』新曜社，2006年

〈訳者あとがき〉にもあるように，著者は，人の発達が，個に閉じた過程ではなく，人々が互いに関わり合いながらさまざまな実践を織り成す過程と，実践を通して互いに育まれる過程を含む“文化的なもの”であると論じています。大人も子どもも私たち一人ひとりが実践の当事者であり，実践を形づくっているということを自覚させてくれる一冊です。

> ・川田学『保育的発達論のはじまり　―個人を尊重しつつ，「つながり」を育むいとなみへ』ひ
> となる書房，2019

　著者は，保育の場が，子どもをその参加者の一人として迎え入れ，大人と子どもがともに活動を
つくっていくためには，いまだ乗りこえなければならない壁があるとしています。本書では，「保育」
と「発達」の結びつき方の歴史性にその壁の一つがあるのではないかと述べています。「主体性」「関
係」「参加」といったキーワードから，「個人を尊重しつつ，『つながり』を育む」保育のあり方が探
究されています。

[引用文献]

1）渡部信一『障害児は「現場」で学ぶ　―自閉症のケースで考える』新曜社，2001，pp.21-39

2）バーバラ・ロゴフ，當眞千賀子訳『文化的営みとしての発達　―個人，世代，コミュニティ』
　新曜社，2006，p.5

3）バーバラ・ロゴフ，同上書，p.374

4）川田学『保育的発達論のはじまり　―個人を尊重しつつ，「つながり」を育むいとなみへ』ひと
　なる書房，2019，p.80

5）アンリ・ワロン，久保田正人訳『児童における性格の起源　―人格意識が成立するまで』明治
　図書，1965，p.92

6）佐伯胖『幼児教育のいざない［増補改訂版］　―円熟した保育者になるために―』東京大学出版会，
　2014，p.170

7）中沢和子『イメージの誕生　―0歳からの行動観察』（NHKブックス353）NHK出版，1979，
　pp.120-121

# 第 7 章

# 発達における葛藤やつまずき

## 1 葛藤とは

### [1] 保育における葛藤とは

　葛藤とは，2つ以上の互いに対立する欲求が同時に生じ，どれを選べばよいか決定できず緊張している状態のことを示しています。

　幼稚園や保育所などでの子ども同士の葛藤は，「いざこざ」と呼ばれることが多いようです。「いざこざ」は，「けんか」とほぼ同義で用いられる場合もありますが，幼児教育や発達心理学の領域では，「いざこざ」と「けんか」とは区別して用いられています。「けんか」に比べると「いざこざ」は，より広い意味での子ども同士のもめごとをさしています[1]。

### [2] 子どもにとってのいざこざの意義とは

　集団生活では，仲間との楽しい経験ばかりでなく，おもちゃを取られたり，仲間に入れてくれなかったりなど，必ず起きるのが子ども同士のいざこざです。

　いざこざというと一見，仲間とのネガティブなエピソードという印象を受けます。しかし，2018（平成30）年に施行された保育所保育指針の3歳以上児の保育に関するねらい及び内容の「人間関係」の内容の取扱いでは，「特に，人に対する信頼感や思いやりの気持ちは，葛藤やつまずきをも体験し，それらを乗り越えることにより次第に芽生えてくることに配慮すること」[2]とあります。このように，葛藤やつまずきは人間関係の成長に必要な経験として記されています。他者を理解したり，適切な自己表現の方法を身につけたりする機会として，子ども同士のいざこざをポジティブなものとしてとらえる視点をもつことが保育者には大切です。

　また，いざこざを通して子どもは，自分と異なる他者の存在に気づき，自分と他者との間で折り合いをつけるなど，社会的スキルを発達させます[3]。保育所や幼稚園な

どで遊ぶなかで子どもは，一緒に遊ぶ楽しさを味わうとともに，「Aちゃんたちが遊んでいるごっこ遊びに入りたいけど，入れてもらえない」「鉄棒で遊びたいけど，Bちゃんがかわってくれない」など，自分と他者との間で葛藤も生じます。

## ［3］いざこざの発達 ◆━◆━◆━◆━◆━◆━◆━◆━◆━◆━◆━◆━◆━◆━

### ①いざこざの原因

　いざこざは，「物や場所の取り合い」「相手からの不快な働きかけ」「遊びや生活のルール違反」「遊びへの加入や仲間入り」などが原因となって生じる[4]ことが多く，これには年齢による違いがあることがわかっています。

　物や場所の取り合いが原因で始まるいざこざは，3歳児で多く，5歳児では少なくなります。反対に「遊びや生活のルール違反」によるいざこざは，3歳児では少なく，5歳児では増えるといいます。年齢が低いと，物や場所をめぐって対立することが多いですが，年齢が高くなると，一緒に遊ぶなかで，遊び方や約束などを仲間と共有しようとして，いざこざが起こる場合が多いということです。

　赤ちゃんは，自分の欲求に応じて応答的な関わりが返ってくることによって，養育者との間に信頼関係を築いていきます。このように，子どもの初期の人間関係は，養育者との個別で密接な関わりが中心となっています。その後，生後2か月ぐらいで他児を見るという行為が始まり，3〜4か月ごろになると，ほかの子どもに向かって手を伸ばすという行為があらわれます。また，身体的・認知的な発達に伴って，自由に物が使えるようになり，相手と楽しさやイメージを共有できるようになると，大人との関わりよりも子ども同士の関わりが増えてきます。

　1〜3歳にかけて，子どもは大人よりも子どもを遊び相手にする時間が増え，2〜

3歳にかけて遊び相手の中心が，大人から子どもへと移行していきます。すなわち，今まで子どもの立場に立って対応してくれた大人とは違い，子ども同士の関係は，対等・同等の関係となります。このような仲間との関係のなかで，大人との関係ではみられないさまざまなよろこびや葛藤を経験することになります。

### ②子どもの仲間関係の発達

　仲間関係の発達は，ほかの子どもへの興味，接触から始まり，8か月ごろには物を介した持続的なやりとりができるようになります。1歳くらいには，ほかの子どもの言動を模倣することができるようになり，必ずしも物がなくてもテーマを共有して遊ぶことができるようになります。

　ほかの子どもと持続的なやりとりができるようになると，避けて通ることができないのがいざこざです。まだことばが十分に発達していない3歳未満の子どもは，いざこざが生じると，相手を叩いたり，噛んだりなどの身体的な攻撃を行うことが多いようです。1〜2歳のいざこざの変化は，相手の物を取ろうとする行動が多いですが，次第にそれは減少していき，攻撃や要請などの相手に直接向けた行動が増加してきます。また物の取り合いでは，乳児期から多く見られますが，1〜2歳では，物そのものよりも，誰がそれを使っているかが，子どもにとって関心になるようです。そして，先に物を使っている人が所有権をもつというように考えているようです。

### ③思いやりの気持ちの育成

　思いやりの気持ちは，年齢があがれば自然と身についていくというより，周囲の大人の配慮や援助によって理解されていくものと考えられています。保育所保育指針，幼保連携型認定こども園教育・保育要領，幼稚園教育要領の領域「人間関係」で「道徳性」にふれている箇所では，「人に対する信頼感や思いやりの気持ちは，葛藤やつまずきをも体験し，それらを乗りこえることにより次第に芽生えてくることに配慮すること」と示されています。「規範意識の芽生え」についても，「きまりを守る必要性が分かり，自分の気持ちを調整し，友達と折り合いを付けながら，きまりをつくったり，守ったりするようになる」と示されています。

　道徳性は，相手に対する思いやりの気持ちから生まれます。これは，葛藤やつまずきといった体験を乗り越えることによって，次第に芽生えてきます。子どもが互いに自分の思いを主張するときには，衝突が生まれますが，それでも遊びたいときには「折り合いをつける」という体験をするでしょう。たとえば，家では一人で独占している積み木ですが，保育所などでは，ほかの子どもが来て使おうとします。そこで葛藤や衝突が起こります。

　そのとき，ほかの子どもも積み木で遊びたいのだ，ということがわかったり，積み木はみんなの物だから分け合って使おう，または一緒に何かつくろう，と思ったりも

します。このような保育所などならではの体験があります。ルールを理解したり，その必要性に気づいたり，という道徳性や規範意識，自分の気持ちを調整する力や人への思いやりの気持ちは，このようなところで育っていくのです。

## ［4］いざこざに対する保育者の援助 ●━◆━●━◆━●━◆━●━◆━●━◆━●

### ①トラブル場面での保育者の援助

　では，1歳ごろから増えてくるトラブルに，どのように対処すればよいでしょうか。できるだけ早く問題を解決して仲直りをさせることを優先させたくないでしょうか。しかし，「葛藤やつまずきを体験」するというプロセスが重要となります。その体験のなかで，相手には自分と異なる感情があり，それはどのような原因で起こったり，変化したりするものなのかを理解することができるでしょう。ときには，自分が我慢して相手に譲ったり，逆に譲られてうれしい気持ちになったりということを体験し，自己調整や新たな感情の芽生えの機会となるのです。

　これらのことは，保育者が双方の子どもに「ごめんなさい」をいわせて安易に仲直りさせることでは得られない重要な体験です。子どもは叱られている場面を長く体験したくないため，逃げたりごまかそうとしたりすることもあります。こんなとき，保育者も根気よくすっきりしない状況を見守り，双方の子どもの気持ちをじっくりと構えて引き出すという援助をしていく必要があるでしょう。この援助には，保育者の根気強さが必要です。

### ②仲間入り場面での保育者の援助

　保育所や幼稚園などでは，子どもは「みんな一緒に仲良く遊ぶ」ことを期待されます。年長児になると，集団での遊びを展開するようになります。それでは，遊びに途中から加わりたいという子どもがでてきたら，子どもたちはどのような反応をするでしょうか。青井の行った研究[5]を紹介しましょう。

　遊びの途中で仲間入りしようとする子どもは，できるだけ今進行している遊びの流れに影響をおよぼさないようにするために，遊びの内容や現在の状況，仲間集団での役割分担などを観察し，それを認識することで，それらに合わせた，集団に受け入れられるような行動をとらなくてはなりません。一方で，仲間入りを働きかけられた子どもたちは，それを認めた場合は，まずはその子どもを受け入れたうえで，それまで行われていた遊びを維持しながら，遊びに関する情報を提供したり，役割の変更や物の再分配を行ったりなどの集団内での調整を行うことになります。

　しかし，仲間入りはいつも認められるわけではありません。協同遊びのように，共通の目的をもって役割分担を話し合ってしている遊びほど，仲間に入れてからの調整が難しくなるため，仲間入りが認められない場合が多いようです。このように仲間入

りを拒否された場合，その理由がきちんと説明されない場合が多いようです。年長児では，仲間意識がかなり明確になっているため，この仲間意識によって拒否する場合に，理由をとくに示されないのではないかと考察しています。

　また，仲間入りを拒否するための理由が示される場合では，仲間ではないことや遊びへの参加資格がないこと，遊びを最初に始めた子どもの権利の主張，人数や道具の数，役割の不足，「『入れて』といっていない」という手続きの不備，「○○ちゃんは嘘つきだから」「○○ちゃんは泣き虫だから」などのパーソナリティの理由などのようなルールが示されます。これは，「みんな一緒に仲良く遊ぶ」とは別のルールの提示です。このほかに，仲間入りを認めた場合でも，表面上は受容しても，実際には仲間入りできていない場合も多いようです。

　これらのことから，年長児の場合，「みんな一緒に仲良く遊ぶ」というルールは理解しており，これを拒否することはルールに反することになるため，子どもたちは葛藤しながら，何とかしようと工夫して考えていることがわかるでしょう。

### ③象徴機能の発達と援助：3歳未満児

　おおむね1歳3か月ごろから2歳未満の子どもは，この時期，一語文から二語文へと話し言葉を獲得していきます。これに伴い，身振りや手振り，片言を使って気持ちを伝えようとします。とくに，一語文の時期の子どものことばは，使える語彙が少ないことから，一つのことばに複数の意味があるため，子どもが何を伝えようとしているのかを，その文脈を見ながら保育者が理解する必要があります。

　しかし，自分の思い通りにできなかったり，気持ちをうまく表現できなかったりするために，ときには保育者が困るようなことをすることもあります。そして，ことばの発達に伴い，イメージした物をおもちゃに見立てて遊ぶなど，子どもの象徴機能も発達していきます。

　また，ほかの子どもへの興味や関心も高まり，しぐさや行動をまねしたり，同じおもちゃをほしがったりするようにもなります。しかし，子ども同士では，ことばでのコミュニケーションがとれないため，相手にかみついたり，おもちゃを取り合ったりなど，けんかやいざこざなどのトラブルも起こるようになります。このようなとき，子どもの様子を見ながら，保育者が事前に制止することができればよいのですが，実際にトラブルが起きてしまった場合は，なぜけんかになったのか，その状況や双方の子どもの気持ちをくみ取りながら，適切に対応していく必要があります。

### ④自己の主体性の形成と援助：3歳以上児

　4歳を過ぎると，子ども同士のさまざまな遊びが展開していくようになります。すると，仲間とのつながりが深まり，思いやりの気持ちもでてくるようになります。その一方で，競争心が生まれ，いざこざやけんかも多くなります。

この時期は，大人との関わりよりも子ども同士の関わりが多くなることから，保育者は集団生活の展開に留意しながら，集団をじょうずにコントロールしていく必要があります。このような友達との関わりあいのなかでは，一緒にいて楽しいという思いと，自分の気持ちを通そうとする思いと，自分の思い通りにいかないことによる不安や我慢するといった葛藤も経験するようになります。このような子どもの気持ちを保育者に共感してもらうことにより，子どもの自己肯定感や他者の気持ちを理解し，受容するという感情が生まれていきます。

### ⑤集団活動と援助：3歳以上児

おおむね5歳ぐらいになると，基本的生活習慣が確立し，1日の生活の流れを見通しながら，食事，排泄，着替えなどを自ら進んで行うことができるようになってきます。手先も器用になり，紐を結んだりすることもできるようになります。このような運動機能の高まりにより，保育者や友達の援助がなくても子どもが自分でやりたいことを見つけたり，何かを選んだりすることができるようになります。

このような時期ですので，保育者は，子どもの自主性や自立性の妨げにならないように配慮しながら援助していく必要があります。また，この時期，集団での生活や活動が充実し，社会性が豊かになってきます。遊びのなかで友達と目的のある行動をするようになり，自分の役割を理解し，決まりを守るようになります。そして，いざこざやけんかなどのトラブルを自分たちで解決しようとするようになります。

小学校以降の学校教育と，就学前の保育所や幼稚園などでの保育との大きな違いの一つは，保育の中心が遊びであるということです。保育所保育指針第1章1の（3）オに「子どもが自発的・意欲的に関われるような環境を構成し，子どもの主体的な活動や子ども相互の関わりを大切にすること。特に，乳幼児期にふさわしい体験が得られるように，生活や遊びを通して総合的に保育すること」と示され，「遊び」を通した保育が強調されています。

また，保育所や幼稚園などの遊びでは，子どもの発達を考慮することが重要で，パーテン（Parten, M. B.）による遊びの発達段階[6]が参考になるでしょう。パーテンによれば，子どもたちの遊びは，年齢があがるにつれて集団での遊びが中心になってきます。

この集団での遊びは，子どもの社会性を育てるうえで大きな意義があると考えられています。集団での遊びは，一緒に遊ぶ仲間で同じテーマを共有することになります。そのテーマを維持し，発展させていくために，メンバーで役割分担を決定する必要があります。このとき，いつも自分の希望通りになるわけではなく，メンバーの間で調整をしていく必要がありますが，そこで生じるいざこざやけんかを乗り越えていかなければなりません。このように他者との関係を調整することにおいて，子ども自身の欲求や気持ちの自己抑制が必要であり，他者に対する自己主張も必要となります。こ

の経験の積み重ねが，他者理解を促進させるのです。

　また，集団で協力して遊びに取り組み，課題を達成していくことで，集団としての連帯感を感じ，協力することや役割を分担するという意味を学んでいくのです。さらに大人の生活にも目を向けるようになります。このように，集団で遊ぶことは，子どもの社会性の発達につながっていきます。

　ところが，保育所や幼稚園などで，ことばを用いた知識教育を求める向きもあるようですが，ことばの一種としての記号が指し示すものが実体験として感覚運動的に理解されていることが重要です。この点を考慮すると，ことばそのものを教える以前に，ことばが指し示す実体験の積み重ねが必要だとわかるでしょう。したがって，保育所や幼稚園などでは，ことばそのものよりも，ことばによる理解につながるような感覚運動的な実体験を遊びのなかで積み重ねていくことが重要なのです。

### ワーク1　事例から考えてみよう

**事例 7-1　「いいよ」といってないのに！**

──◦──◦──◦──◦──❀──◦──◦──◦──◦──◦──

（3歳児クラス）

　夏休み明けの9月の出来事です。ブロックでタクヤくんとテツくんが遊んでいましたが，しばらくするとタクヤくんがブロックをうしろに隠して，テツくんと言い争いを始めました。

テ　ツ：「俺が使ってた棒ブロック，タクヤが取ったでしょ！」
タクヤ：「ぼく貸してっていったもん！」
テ　ツ：「いいよっていってないのにタクヤが取った！」
タクヤ：「ぼく貸してっていったもん！」
テ　ツ：「この棒ブロックじゃなきゃ，嫌なの！」
と，タクヤくんから取り返そうとしました。
　タクヤくんは，棒ブロックを取られたくないのでうしろに隠して，テツくんに別のブロックを差し出しました。
タクヤ：「これいいよ！」
　するとテツくんは，さらに怒り出しました。
テ　ツ：「この棒ブロックじゃなきゃ，嫌なの！」
　隠していた棒ブロックでタクヤくんを叩こうとしました。
　保育者は，テツくんを止めて，2人を落ち着かせました。

（設問1）

事例を読んでタクヤくんとテツくんの思いや意図について考えてみましょう。

（設問2）

一人ひとりの子どもの思いに寄り添い，子ども同士をつなげる保育者の援助について考えてみましょう。

## 2　葛藤が現れるとき

### ［1］自分の思いと子どもの身体との間での葛藤 ◆━◆◆━◆◆━◆

　乳幼児期は身体の動きや指先の操作を獲得する過程にあり，自分の思いと実際の身体の能力との間に葛藤が生じます。たとえば，ハイハイ時期の10か月の子どもは，目の前のおもちゃが気になると，近づこうとします。最初のころは，近づきたくて腕に力を入れると，子どもの思いとは反対にうしろにさがってしまいます。自分の思いが叶わず，泣いてしまったりします。そんなときに，手の届きそうなところへ大人がおもちゃを近づけてあげることを繰り返しているうちに，床をける足の動きを獲得し，自分で前に動いておもちゃを手に取ることができるようになります。このような葛藤の時期を抜け出ると，泣いたりぐずったりすることが減ります。

　また，2歳を過ぎるころになると，自分の思いがさらに強くなり，シャツを自分で着たくても，じょうずに手と頭の動きを合わせて着ることができないため，怒って癇癪を起すこともたびたびあります。さらに5歳児では，自分でこんな自動車を描きたいというイメージをもっていますが，イメージ通りに描くことができないので，保育者に「せんせい，描いて！」と頼みます。しかし，保育者が描く自動車は自分がイメージしているものではないので，自分で描き始めました。そこで描きかけては「うまくいかない！」といいながら，何度も何度も描き直しています。そして，やっと自分の思い通りの自動車を描きあげ，得意そうな表情でした。ここでは，自分の思うイメージ通りにできない自分，身体との間でも葛藤を経験しています。

　この葛藤を繰り返しながら，保育者に助けられながら自分でできるようになったとき，子ども自身が強くなる体験となるのです。

### ［2］自分のやりたい思いと大人の思いとの間での葛藤 ◆━◆◆━◆◆━◆

　子どもがハイハイして自分で移動ができたり，手を使えるようになったりすると，子どものやりたい思いと大人の思いとの間で葛藤が生まれます。

　ここでは，1歳10か月のアツシくんの葛藤場面を紹介しましょう。

---

#### 事例 7-2　アツシくんの葛藤場面

_━◦━◦━◦━◦━◦━❋━◦━◦━◦━◦━◦━_

（1歳10か月）

　アツシくんは，最近，物を投げられるようになりました。保育室にあるものなら何

---

でも，手にして投げてしまいます。保育者が「お外でボール投げして遊ぼう！」と誘ってみますが，その気になってくれるときと，そのまま部屋で投げ続けているときもあります。危ないので止めさせようとすると，ひっくり返って怒り泣きわめきます。

　保育者は，アツシくんの気持ちを落ち着かせ切り替えられるように，抱っこして外に連れ出したり，別の遊びに誘ったりと試しています。

　アツシくんの年齢の子どもは，自分ができるようになったことを生活場面でも使ってみようとします。しかし，アツシくんと同じように，やってよいことと悪いことの社会的ルールはわかっていません。また，一度伝えたからといって，すぐに理解できるわけではありません。したがって，「投げたら危ないよ！」と伝えながら，さりげなくほかの遊びに誘ってみましょう。ただし，子どものやりたい気持ちが強い場合は，保育者の思いを受け入れることができずに，怒りやくやしさなどの気持ちを抱えていることが多いようです。

　次に2歳児クラスの子ども同士の葛藤場面を紹介しましょう。

**事例 7-3　サナちゃんとカンナちゃんの葛藤場面**

＿＿・＿＿・＿＿・＿＿・＿＿※＿＿・＿＿・＿＿・＿＿・＿＿

（2歳児クラス）

　サナちゃんは，園庭でひっつき虫（植物の種）を見つけて自分の洋服につけて遊んでいます。カンナちゃんが「何しているの？」と近づいてきたので，カンナちゃんの洋服にひっつき虫をいくつもつけました。すると，カンナちゃんが泣き出しましたが，お構いなしにひっつき虫をつけています。

　そのとき保育者がやってきて，「サナちゃん，カンナちゃんのお顔見てごらん」と

いうと、サナちゃんはカンナちゃんの顔をじーっとみて、顔の前にひっつき虫を近づけました。それを見てカンナちゃんが大泣きしたので、保育者はサナちゃんの手を止めて、「カンナちゃんは嫌なんだって」といいました。

　保育者は、にこっと笑って逃げ出そうとしたサナちゃんをしっかりと抱きかかえ、「カンナちゃんは、嫌なんだって。カンナちゃんのお顔見てごらん」と伝えました。そして、「先生と一緒に洋服についているひっつき虫を取ってあげようよ」とうながしました。そして、サナちゃんと一緒に取ってあげました。そうすると、カンナちゃんが泣きやんだところで、サナちゃんにもその様子を見せて、「カンナちゃんよかったね」と伝えました。

　このようなときに、保育者が子どもの動きを止めて、それぞれの気持ちを伝え聞き合えるようになると遊びの展開が変わってきます。

　3歳ぐらいになると、「自分では○○したい」という思いをもちながら遊ぶことができるようになります。ただし、この時期は、なかなか自分の思いをことばで伝えることが難しいということがあります。

## ［3］自分自身との葛藤　～～～～～～～～～～～～～～～～～～～～～～～

　1歳半〜2歳の自我の芽生えに伴う自己主張は、乳児期とは異なり、養育者の要求水準は高くなることもあって、いつもその主張が通るとは限りません。

　たとえば、おもちゃ売り場で、子どもがだだをこねている姿を見かけることがあると思います。このような思い通りにいかない状況は、子どもの心のなかで葛藤を引き起こします。これを解消するには、養育者がおもちゃを買ってくれるまで自己主張をするか、自分がおもちゃを買うのをあきらめるかのどちらかしかないのです。自分があきらめることは、自分自身の内面を調整して、葛藤を乗り越える経験となりますが、このことは「自制心」へとつながっていきます。

　この自我の芽生えは、養育者や保育者との関係だけではなく、友達関係にも影響をおよぼします。とくに同年代の子ども同士であれば、いざこざやトラブルへと結びつきやすいのです。いざこざやトラブルは、大人にとってはないほうがよいと思われがちですが、「人と関わる力」を育む契機になります。

　たとえば、4歳児のクラスの絵本コーナーでの出来事です。アツシくんとタカシくんが絵本を読んでいました。そこに、友達のダイチくんがアツシくんを呼びにきたので、今まで読んでいた絵本をテーブルに置いたまま、ダイチくんと外に行ってしまいました。タカシくんは、アツシくんが置いて行った絵本を読んでいましたが、アツシくんが戻ってきて、絵本の取り合いになってしまいました。

　この場合、解決するには、タカシくんが絵本を渡してくれるまでがんばるか、アツ

シくんが折れてタカシくんに絵本を譲るかの，どちらかしかないでしょう。このうちアツシくんが，タカシくんに絵本を譲る経験は，「人と関わる力」のうちの協調性をはじめ，相手の子どもの気持ちを察して，共感する力や思いやりにもつながるでしょう。これは，自分自身の気持ちと闘う場面，すなわち自分自身との葛藤が生じてきます。このようなマイナスな出来事も一つの過程として生かしていく経験となるでしょう。

## ワーク2　事例から考えてみよう

### 事例 7-4　カルタ遊びでのいざこざ

——◦——◦——◦——◦——◦——※——◦——◦——◦——◦——◦——◦——

（5歳児クラス）

　4人の年長児がカルタをして遊んでいましたが，いざこざがあったようで，一緒に遊んでいたハルカちゃんが顔を伏せて泣いています。経緯を知らない保育者がたずねました。

保育者：「どうしたのかな？　誰か説明してくれるかな？」
　一緒に遊んでいたユウカちゃんが説明を始めました。
ユウカ：「あのね，4人でカルタしてたん。それでハルカちゃんが読んで，ほかの人が取るんだったんだよね。そしたら，ヒロシくんがね〜，……」
と間を置きながら，ヒロシくんのほうを確認しながら話します。
　　　　「……なんか，自分も読みたくなったんだよね？」
ヒロシ：「うん」
ユウカ：「ヒロシくん，読みたいから，ホントは貸してっていえばよかったんだけど，黙ってハルカちゃんがもっているカルタを，引っ張って取ったんだよね。それでハルカちゃんが泣いたの！」
保育者：「すごいねえ。ユウカちゃん，ヒロシくんの気持ちがわかるんだねえ。ヒロシくんが読みたかったから，取ってしまったんだなあと思ったんだね」
ユウカ：「うん」
保育者：「ヒロシくん，そうなの？」
ヒロシ：「うん」
保育者：「そうか，取ってしまったんだねえ。そのことをユウカちゃんが，じょうずに説明してくれたねえ。ハルカちゃん悲しかったんだろうねえ。びっくりしたのかな？」
　最後に保育者はヒロシくんにたずねました。
保育者：「ヒロシくん，何が一番いけなかったと思う？」

（設問1）

この事例を読んで，ユウカちゃん，ヒロシくん，ハルカちゃんの気持ちについて
考えてみましょう。

（設問2）

保育者がヒロシくんに最後に質問した理由は何でしょうか。子ども同士をつなげ
る保育者の援助について考えてみましょう。

[さらに学びを深めるために]

・佐伯胖・大豆生田啓友・渡辺英則・三谷大紀・高嶋景子・汐見稔幸『子どもを「人間として
みる」ということ　―子どもとともにある保育の原点』ミネルヴァ書房，2013

　今，保育において大切にしなければならないことは，何でしょうか。また，これからの保育に求
められる視点とは，どのようなことでしょうか。佐伯胖氏，大豆生田啓友氏の対談をもとに，子ど
もを「子どもとしてみる」ということと，「人間としてみる」ということと，どこが違うのかについ
てわかりやすく解説されています。保育するとは，何かを教えることなのでしょうか。本書に掲載
されている保育実践事例をじっくり読んでみましょう。子どもたちから発信される多くのことを感
じとれることでしょう。そうすると，子どもの世界の奥深さが，さらに見えてくると思います。

[引用文献]

1）無藤隆『子どもの生活における発達と学習』ミネルヴァ書房，1992
2）厚生労働省『保育所保育指針〈平成29年告示〉』フレーベル館，2017

3）斎藤こずゑ・木下芳子・朝生あけみ「仲間関係」無藤隆・内田伸子・斎藤こずゑ編『子ども時代を豊かに ―新しい保育心理学―』学文社，1986，pp.59-111

4）木下芳子・斎藤こずゑ・朝生あけみ「幼児期の仲間同士の相互交渉と社会的能力の発達 ―3歳児におけるいざこざの発生と解決―」『埼玉大学紀要教育科学』35(1)，1986，pp.1-15

5）青井倫子「仲間入り場面における幼児の集団調節 ―「みんないっしょに仲良く遊ぶ」という規範のもとで」『子ども社会研究』創刊号，1995，pp.14-26

6）Parten, M. B., Social participation among preschool children. Journal of Abnormal and Social Psychology, 27(3). 193, pp.243-269

# 第 8 章

# 保育の環境の理解と構成

## 1 環境とは

### [1] 環境の重要性

　私たちは毎日，誰かと出会い，さまざまなものに接し，新たな発見をしてうれしくなったり「なるほど」と納得したり，考えたりして，環境と関わり合いながら生きています。

　2018（平成30）年に施行された保育所保育指針，幼保連携型認定こども園教育・保育要領，幼稚園教育要領のいずれにおいても，幼児期が子どもの生涯において極めて重要な時期であること，そして，幼児期の保育および教育は「環境を通して行う」ことを基本とすると書かれています。幼児期の保育および教育において，どうして環境が重要なのでしょうか。

　幼児期の保育および教育は，子どもたちの発達を促すものでなくてはなりません。幼児期の発達とは，自然な心身の成長に伴い，人が能動性を発揮して環境と関わり合うなかで，生活に必要な能力や態度などを獲得していく過程と考えることができます[1]。

　発達とは，時間が経てば自然に起こるものではありません。子どもたちが自分のまわりにある環境に能動的に働きかけ，興味・関心をもって積極的に関わり，その過程で，まわりの環境を変えていける力が自分のなかにあることを感じ，さらに環境に関わろうとする過程で起こるのが発達です。このように，幼児期の発達には，子どもたちが能動性を発揮して関わり合える適切な環境が必要なのです。

### [2] 保育の環境とは

　環境とは，子どものまわりにあるすべてのものを指しますが，環境がただそこにあるだけでは，子どもにとって適切な保育の環境とはいえません。保育の環境とは，子どもと保育者の間に信頼関係が築かれており，保育者が子どもの興味・関心をとらえ

て活動の流れを理解し，そのうえで保育者としての願いや保育および教育の目標を自覚しながら意図的に構成されたものをいいます。

　保育の環境は，三輪車，鉄棒，ボール，積み木，絵本，はさみ，折り紙などの物的環境と，ほかの子どもや保育者といった人的環境に大きく分けることができます。しかし，それ以外のさまざまな視点から環境をとらえることができます。子どもたちは，春になるとダンゴムシを集めたり，秋になるとトンボを捕ることに熱中したりします。また，冬になると降ってくる雪や，バケツの水の表面にできる氷を取ってきては見せ合います。このような季節ごとに見られる自然現象や生き物も保育の環境の一つです。さらに，保育室の横に置かれた棚を移動させると，異年齢の子どもたちが集まって交流する場となることがあります。このようにしてつくられた空間も，保育の環境といえるでしょう。

　上述したように，保育者も保育の環境の一部です。子どもが新しいことに挑戦しようとするときや自分の期待どおりの活動ができたとき，保育者がそれを見ているかどうか，どのような表情でどのようなことばをかけたかによって，子どもの心や行動は大きな影響を受けるでしょう。また，保育者の行動は，子どもにとって環境に関わる際のモデルとなります。

## 2　環境構成とは

### ［1］環境構成の基礎となる考え方 ●━•━•━•━•━•━•━•━•━•━•

#### ①子ども理解

　子どもたちが能動性を発揮して関わり合える適切な環境を構成するためにまず必要なことは，子どもを理解することです。一人ひとりの子どもが何に興味をもち，何を感じているのかをまず理解しなければ，発達に必要な経験を得るための適切な環境構

成はできません。

　保育者が，5歳児の9月ごろには虫捕りが始まるだろうと予想して，虫捕り網と虫かごを出しておいたとしても，子どもたちの興味が先週から続いている大型積み木での基地づくりに向けられているのであれば，保育者が構成した環境は適切とはいえないでしょう。保育者が促せば，子どもは虫捕りを始めるかもしれませんが，子どもが虫捕りに魅力を感じていなければ，主体的な遊びが展開していくことは期待できません。保育者の意図だけで遊びを引っ張るのではなく，子どもの視点に立って環境を構成することが重要です。

　子どもの発達は，保育者が与えるものではありません。子どもはまわりの環境に能動的に関わりながら，自分自身の発達に必要な経験をしていきます。そして，そのような経験のなかで心と体が変化していきます。保育者の役割は，子どもたち一人ひとりを理解し，発達に必要な経験ができる環境を構成し，援助することです。

### ②環境を通した教育

　子どもにとって適切な環境とは，保育のねらいのもとに構成された環境です。幼児期の保育および教育においては，子どもが興味をもって主体的に関わり，充実感や満足感を味わう体験ができること，そして，その際に試行錯誤したり考えたりして，子どもたちなりに自ら環境を再構成できる環境であることが大切です。

### ・主体的に関わる

　主体的に環境と関わるとは，特定のわずかな時間をただ楽しむことを指すのではなく，「忍者の基地をつくりたい」など，子どもなりに目当てをもち，その思いをもち続けて，環境に関わっていくことです。子どもの興味や関心は同じところにとどまらずに，「手裏剣をつくりたい」「細い橋を渡る修行がしたい」など，次々と変化していきます。したがって，環境が固定されていては，子どもの主体的な活動は広がっていかないでしょう。保育者は，適切な環境を再構成していく必要があります。その際，保育者の考えだけで環境を構成するのではなく，目の前にいる子どもの発達段階を理解し，興味・関心がどこにあるのか，活動の流れはどうなっているのか，子どもたち同士の関係はどのようであるかなどをよく見て，子どもたちとともに環境を構成する必要があります。

　また，子どもが主体的に活動するためには，安心して関わることができる環境であることが基本です。保育者との信頼関係があってこそ，子どもたちは安心して，主体的に環境に関わっていこうとするのです。

### ・充実感や満足感を味わう

　子どもたちがただ楽しそうに遊んでいるとしても，それだけで適切な環境構成とは

いえません。一方，子どもたちが「やってみたい」とまだ感じていないのに保育者が自らの計画にもとづいて環境を構成し，与えられた環境のなかで保育者の促しにそって子どもたちが活動し，保育者の想定した結果が得られたとしても，子どもたちが能動的に活動に関わっていない限り，深い充実感や満足感をもつことは期待できないでしょう。

　子どもたちが「やってみたい」と感じて自分から興味をもって環境に関わり，自発的に活動するなかで，うまくいくこともあれば，うまくいかないこともあるでしょう。その過程において，自分の提案を友達が受け入れてくれたり，自分の活動に手応えを感じたりして，自分の思いや行動が環境を変化させることができることに気づいたとき，子どもは充実感や満足感を感じ，自分を取り巻く環境により積極的に関わろうとする意欲が高まります。

### ・考える

　子どもにとって適切な環境とは，子どもの発達にとって意味のある環境のことです。先述したように，子どもの発達は与えられるものではなく，子どもたち自身が自分を取り巻く環境に関わりながら，生活に必要な力や態度を身につけていく過程のことです。子どもが環境に「関わりたい」と思わなければ，保育者がいくら時間をかけて準備しても「保育の環境」とはなりません。また，子どもが「関わりたい」と思っても，子ども自身に考えたり工夫したりする余地がなく，保育者が想定した答えを出したらそれで終わりという活動であれば，より深く環境に関わろうとする意欲は育まれないでしょう。

　子どもたちが環境のおもしろさに気づき，よりおもしろくしようとして，関わり方を変えたり試行錯誤したりして，さまざまに考えをめぐらすなかで，ときに，保育者が予想もしなかったような活動の展開がみられることもあります。このように，与えられた環境をただ受け入れるだけでなく，環境との相互作用を通してその環境へのよりふさわしい関わり方を身につけようとして自ら考え，試行錯誤することが重要です。

　そのような過程のなかで，子どもたちが，環境に影響をおよぼすことができる自分の力を実感するとき，子どもたちは環境をただ受け入れる傍観者ではなく，環境を変えることができる参与者となり得たといえるでしょう。それは，子どもの世界が広がったことを意味します。

### ③計画的な環境構成

　子どもは放っておいても環境に関わり積極的に遊び始めるかもしれませんが，遊びをすべて子どもの気の向くままにしていては，幼児期にふさわしい保育とはなりません。幼児期の保育および教育のねらいを達成するため，つまり子どもたちの発達を促すためには，教育内容にもとづいた計画的な環境づくりが必要です。そして，現在の

活動が10分後にどのように発展していくかを見通すだけでなく，次の週，次の月，1年後に子どもの活動がどのように変化していくのかを予想して環境を構成するという視点をもつことも大切です。

　発達の見通しや活動の予想にもとづいて環境を構成するとは，保育者が活動に関連する遊具や素材を，すべて子どもたちの見えるところに準備しておくことを指すのではありません。活動の開始に必要と思われるものをまず用意しておき，活動の発展にともない子どもたちの要求があれば，それに応じて出すことができるようにしておくこともあります。活動に必要な場や材料が不足していることで，「何かほかのものを代わりに使えないか」「ここは狭いので場所を変えてはどうか」といった工夫が，子どもたちのなかから出てきたり，それを解決するための対話が生まれたりすることもあるでしょう。

## ［2］環境構成の工夫

　保育室の入り口近くに置かれた虫捕り網や図鑑，絵本の部屋に敷かれた小さな畳や机など，子どもたちを取り巻く環境構成には保育者のねらいがあり，それにもとづいた工夫があります。以下に，環境構成の工夫をいくつかみていきましょう。

### ①虫や小動物に親しむ工夫

　春になって園庭にある花壇に水やりをしたり，自然の草花を摘んでままごと遊びをしたりするなかで，小さな虫がいることに気づき，年長の子どもや保育者にその名前を教えてもらう子どもの姿がみられます。そのうち，園庭にいる虫を捕まえたり，家から虫をもってきたりする子どもが出てくると，虫への関心が子どもの間で広がっていきます。このような子どもたちの姿から，保育者はさまざまなねらいをもって環境構成を工夫します。

　生き物の成長に興味をもってほしいというねらいのもとでは，子どもがすぐに虫捕り活動を開始できるように，虫捕り網が保育室の入り口近くの目にとまりやすい場所にあることが望ましいでしょう。図鑑が子どもたちのわかりやすい場所に準備されていると，子どもたちは捕まえた虫の名前や特徴を調べることができます。捕まえた虫を入れる飼育ケースは，虫捕りに参加していない子どもたちにもよく見える場所に置かれてあると，それを見て興味をもった子どもが虫捕りに加わることもあるでしょう。

　生き物の命の大切さを感じてほしいというねらいのもとでは，命に関する絵本を保育者が読み聞かせる時間を設定したり，その後もその絵本が子どもたちの目に留まりやすい場所に置かれていたりといった環境構成もできます。

　また，友達と思いを伝え合う経験をしてほしいというねらいのもとでは，家で虫を飼っている子どもに，その虫をもってきてもらい観察できる環境を設定し，飼育方法

や虫を飼う楽しさなどについて，みんなで話し合う時間をもつことも大切な経験となります。

**②絵本に親しむ工夫**

　進級した子どもたちは，新しい保育室での生活に慣れると，園庭で友達や保育者と遊んだり，降園前やお弁当を食べる前に，保育者が読み聞かせる絵本を友達と微笑み合いながら聞いたりする姿がみられます。週に一度の絵本貸出日には，クラスごとに絵本の部屋に入り，自分の好きな絵本を選びます。本棚から絵本を出しては戻して，時間をかけて絵本を選ぶ子どももいれば，借りる本を早くに決めて絵本の部屋の机で，その本を読み始める子どももいます。

　絵本を通して「思いやり」について考えてほしいというねらいのもとでは，そのような内容をもつ絵本を「せんせいのおすすめえほん」として，絵本の部屋の入り口近くのテーブルに置くこともできるでしょう。同様に，ことばに対する感覚を豊かにし，友達や保育者と心を通わせる経験をしてほしいというねらいのもとでは，「うんとこしょ，どっこいしょ」のような決まりことばをみんなで声を合わせて読むのが楽しい絵本や，ことばのリズムを楽しむことができることば遊び絵本を，子どもたちの目にとまりやすいところに置くといった工夫もあるでしょう。いずれにしても，保育のなかでそれらの絵本を読んでもらった経験が，子どもの絵本への興味・関心を高める上でより有効です。

　また，絵本を介して自分の気持ちや思いを伝え合う経験をしてほしいというねらいのもとでは，絵本の部屋に小さなゆったりとしたソファを置いたり，畳敷きのスペースをつくったりして，子どもたちが思い思いの姿勢で友達と1冊の本を見合ったり，対話することができるような環境構成の工夫も大切です。

## ワーク1 保育指導案から環境構成を考えよう

**課　題**

　以下は5歳児年長組の5月の指導案の一部です。保育の「ねらい」と「内容」を読んで、それぞれの活動時に必要な環境構成と保育者の援助を書きましょう。

**保育のねらい（○）・内容（■）**

　○　興味をもったことに積極的に関わり、自分なりにやってみる。

　■　自分で植えた野菜の成長で気づいたことを保育者や友達に伝えたり、絵に描いたりする。

　■　水の量を考えながら、自分がつくりたい色の色水をつくる。

　○　自分の考えを伝えたり、友達の考えを受け入れたりしながら、一緒に遊ぶ楽しさを味わう。

　■　くじ引きの方法を工夫したり、友達の考えを聞いてくじ引きをしたりする。

**生活の流れ　　○生活の流れ　　・予想される子どもの姿**

| 時間 | 生活の流れと予想される子どもの姿 | 環境構成と保育者の援助 |
|---|---|---|
| 8：40〜 | ○登園する。<br>・朝の身支度をする。<br>・野菜の苗に水やりをする。 | （子どもの生活の流れにそって、必要だと考える環境構成と保育者の援助を右に書きましょう） |
| 9：00〜 | ○自分たちの好きな遊びをする。<br>（室内）<br>・くじ引き屋さん<br>（戸外）<br>・色水つくり | |
| 10：45〜 | ○片づけ<br>・降園準備をする。 | |
| 11：10〜 | ○降園活動をする。<br>・絵本の読み聞かせを見る、聞く。 | |
| 11：40 | ○降園する。 | |

（設問）

以下のそれぞれの活動時に必要な環境構成と保育者の援助について書きましょう。

１．野菜の苗に水やりをする
【環境構成】



【保育者の援助】



２．くじびき屋さん遊び
【環境構成】



【保育者の援助】



３．色水つくり
【環境構成】



【保育者の援助】



４．絵本の読み聞かせを見る，聞く
【環境構成】



【保育者の援助】

### 事例 8-1　全部やりたい！

—— ◦ —— ◦ —— ◦ —— ◦ —— ※ —— ◦ —— ◦ —— ◦ —— ◦ ——

（5歳児2月）

　年長組の2学期から始まったプロジェクト活動は，子ども自身が自分の興味のある遊びに必要な物や場所，仲間を確保して行う活動です。必要に応じて保育者が手伝いやアドバイスをすることはありますが，基本的には子どもたちが好きなように進めていくという内容です。

　卒園間近の2月，下級生を招待するプロジェクトが4つありました。巨大迷路，お化け屋敷，バスケットボール，ゴルフ，いずれも幼稚園に一つしかないホールを使用する内容でした。しかし，下級生との時間調整やホールの使用調整などを踏まえると，実施可能日は1日のみでした。

　子どもたちは，みんなで話し合い「全部やりたい！」という結論を出しました。しかし，最初のうちは自分のプロジェクトだけが有利になる案ばかりが出され，話し合いは平行線をたどりました。何も決まらないまま，巨大迷路の仕切りやバスケットのゴールや得点表，ゴルフのコースなどが次々につくられていきました。

　そんなある日，「巨大迷路にお化けが隠れていればいいんじゃない！」とサヤカがいいました。それを聞いた子どもたちは，サヤカのアイデアに触発されるように，自分たちが準備したものをもち寄り，必要なスペースなどを伝え合い，4つのプロジェクトが同時にできるように知恵を出し合いました。

　開催日当日，入り口には受付が設けられ，招待状にスタンプが押されました。最初のコーナーである「巨大迷路のお化け屋敷」の状況に合わせて，受付では入場制限も行われました。「巨大迷路のお化け屋敷」を抜けると，「ゴルフコーナー」があらわれ，

3回行うとスタンプが押され，最後の「バスケットボールコーナー」に案内されます。各コーナーには順番待ちの椅子が設けられ，最終的には入場者全員が，順番通りにすべてのコーナーを楽しむことが可能になっていました。

### ・子どもが試行錯誤したり考えたりして遊ぶことができる環境構成

　幼稚園にはホールが一つしかなく，そこで同時に4つのプロジェクトを実施しなければなりません。スペースが足りないことで子どもたちの工夫が生まれました。ホールがもっと広ければ，巨大迷路とお化け屋敷の合体などという活動はできなかったでしょう。「足りない」ことが，子どもたちの思考を促しました。

　サヤカのアイデアによって，巨大迷路とお化け屋敷が合体し，「そんなやり方もあるのか」「おもしろそう」と感じた子どもたちは，今度はバスケットボールとゴルフをどんなふうにつなげようかと知恵をしぼったことが予想されます。巨大迷路とお化け屋敷の場合とは違う合体方法を見つけなければなりません。自分の考えを伝え合うなかで，みんなが納得するアイデアが生まれたのだと思います。

　子どもたちは，自分のまわりにある環境に能動的に働きかけ，興味・関心をもって積極的に関わり，その過程で，まわりの環境を変えていける力が自分たちのなかにあることを感じとったでしょう。そして，下級生たちが順番待ちをして自分たちが構成した遊びを楽しんでくれたこともあって，この体験は子どもたちにとって充実感や満足感を味わうことができるものとなりました。

### ・遊びを譲れない気持ちから生まれた環境の再構成

　スペースが足りないのであれば，4つのプロジェクトそれぞれで使うスペースを単純に小さくする方法もあったと思います。でも，子どもたちは，自分たちのプロジェクトを縮小することを拒みました。自分のプロジェクトが有利になる案ばかりが出されていましたが，それは，子どもたちが遊びを手放したくなかったからでしょう。

　それぞれのプロジェクトが，子どもたちにとって「譲れない」ほどに興味・関心をもった活動だったのです。「譲れない」からこそ，子どもたちは粘り強くあきらめずに知恵をしぼりました。自分たちのしたい遊びをしながら，みんなもしたい遊びができる方法がないか考えました。

### ・保育者の援助

　話し合いが平行線をたどり，何も決まらないまま，巨大迷路の仕切りやバスケットボールのゴールや得点表が次々につくられても，保育者は解決を急がず，子どもたちを信頼して見守ったことが読み取れます。保育者に見守られていることを感じ，子どもたちが安心して自分の考えを表現することを通して発展した活動だといえます。

このような活動ができた背景には，それまでに保育者が子どもたちの興味・関心をとらえて活動の流れを予想し，環境を構成し，子どもたちの主体的な遊びを援助してきたことがあると思います。保育者の援助のもとで，子どもたちのなかに，自分の思いを表現し，伝え合い，協力することができる関係性が育まれていたからこそできた活動だといえます。

（設問1）

この保育活動のねらいは何だったと思いますか？

（設問2）

事例にあげられている活動を通して，「幼児期の終わりまでに育ってほしい姿」[2]のなかのどのような力が育まれたと考えますか？　それは，事例のどの記述から読み取れますか？

（設問3）

事例のなかで，保育者のどのような環境構成や援助があったでしょうか？　事例には書かれていない環境構成や援助について，具体的に予想してみましょう。

**［さらに学びを深めるために］**

・岡上直子編者代表『ワクワク！ドキドキ！が生まれる環境構成 ―3，4，5歳児の主体的・対話的で深い学び―』ひかりのくに，2017

　3，4，5歳児の保育実践事例が季節ごとに分けて紹介されていて，ドキドキ，ワクワクしながら遊ぶ子どもたちの姿が写真から伝わってきます。子どもの姿や保育者の願い（ねらい）と関連づけて，いかに環境を構成すればいいのかが具体的に書かれています。園の環境図も掲載されているので，環境構成のポイントがよくわかります。

**［引用文献］**

1）文部科学省『幼稚園教育要領解説』フレーベル館，2018，p.13
2）文部科学省『幼稚園教育要領〈平成29年告示〉』フレーベル館，2017，pp.13-15

# 環境の変化や移行

## 1 環境の変化や移行とは

　私たちたちは，引っ越しや入学など，慣れ親しんだ環境が変化したとき，その変化におどろき，とまどいながらも，新しい環境に一所懸命に適応し，心理的に安定しようとします。大人であっても，新しい環境のなかでどのように振る舞えばよいかを理解するまで，ひととき心理的に不安定になることがあります。子どもの場合も同等あるいはそれ以上に，自分を取り巻く環境が変化したときには，新しい環境のなかで心と体が不安定になることが予想できます。

　「移行期」とは，「人生の各段階で，これまで体験していたものとは異なる新しい環境と出会い，そこに適応するまでの過渡期」のことをいいます[1]。移行期において，人は適応することをめざします。「適応」とは，「社会や集団の動きに対し，みずからの欲求を満足させながら，環境に対し調和的関係を保持しつつ自己変容させること」[2]であり，環境と折り合いながら自分自身も安定するようにバランスをとることといえるでしょう。移行期とは過渡期，つまり一時的なものであるとはいえ，新しい環境との出会いが子どもの心と体にとって大きなストレスとなっている場合には，不適応状態を長引かせないために，保育者による支援が必要となります。

## 2 さまざまな環境の変化や移行

### ［1］入園・進級

　家庭だけで生活していた子どもたちにとっては，入園がはじめて経験する集団生活への環境移行でしょう。それまでいつもそばにいた保護者から離れ，慣れ親しんだ家とは広さも，構造も，置かれている物も違う場所で，よく知らない大人や同年齢の大勢の子どもたちのなかで生活することになった子どもの不安やとまどいは容易に想像できます。靴はどこで脱ぎ，カバンを入れる棚がどこにあるのかなど，子どもたちは

まず園での生活習慣を身につけ，一日の生活の流れを理解しなくてはなりません。

　生活の基本的な習慣は，数週間ほどで獲得されるのに比べて，保育者や他児との関係は，時間をかけて形成されていきます。同年齢の他児との集団生活は，それまでの家庭での生活では経験してこなかった新しい人間関係をつくる場であり，他児との接し方がわからずうまく関係をつくれなかったり，物の取り合いや遊びのルールをめぐるいざこざが起こったりします。

　このような友達関係の変化は，進級時にも起こります。それまで仲良しだった友達と進級後に別のクラスになったり，新入児の参入によって遊び仲間が入れ替わったりして，それまで親しんだ在園児間の仲間関係が不安定になることや，いざこざが起こることもあるでしょう。このように，進級時においては，新入児だけでなく在園児も環境移行を経験しており，新しい環境で不安を感じやすいのです。

## ［2］家族構成の変化

　妹や弟の誕生，祖父母との同居，保護者の単身赴任や離婚など，家族関係や生活パターンが変わることも環境移行といえます。

　妹や弟が生まれるとその世話をしたがり，他児が触ろうとするのをさえぎって一人占めしようとすることもあれば，それまでのように保護者の注意が自分へ向けられなくなったさびしさから「赤ちゃん返り」がみられたり，登園時に保護者と離れにくくなったりすることもあります。また，祖父母との同居が始まって，遊び相手が増えたうれしさを感じることもあれば，園への送迎がそれまでの母親から祖父母に変わると，子どもはそれが受け入れられずに登園を嫌がることもあるでしょう。このように，同居する家族が増えることは，子どもにとってうれしい出来事である反面，満たされな

い思いをもつ経験となることもあります。

　一方，たとえば父親が単身赴任で週末しか一緒に過ごせなくなり，平日は母親と二人だけの生活になった子どもは，日課であった就寝前の父親の絵本の読み聞かせを聞くことができなくなりさびしい思いをしますが，週末に父親と遊べることが，それまで以上に楽しくなるでしょう。また，両親の離婚によってひとり親家庭となった子どもは，それまでの人間関係のストレスから解放された母親とともに，心理的に安定した生活を送れるようになることもあります。

　このように，家族が一時的にせよ少なくなることは，子どもにとってさびしいこともあるでしょうが，離れて暮らすことによって家族の絆が強くなることや，残された家族の心理的安定が高まることもあります。

## ［3］その他の環境変化 ◆━・━◆━・━◆━・━◆━・━◆━・━◆

　地震や台風などの自然災害によって，慣れ親しんだ環境が変わってしまったり，自宅が被害を受けたり，といった大きな環境の変化を経験する子どもたちもいます。

　電気や水道といったライフラインに制限がかかったり，一時的に自宅を離れたりといった不慣れな生活によって，遊びが制限されることもあるでしょう。保護者からそれまでのように関わってもらえずに，不安定になることもあるでしょう。あるいは，いつもと同じように元気そうに見えても，保護者の不安な姿を見て，自分の本当の気持ちを抑えていることがあるかもしれません。

# 3　環境の変化や移行と保育者の援助

## ［1］子どもへの援助 ◆━・━◆━・━◆━・━◆━・━◆━・━◆

### ①子ども理解

　先述したように，子どもたちが経験する環境の変化や移行には，入園やきょうだいの誕生のように，以前から周囲の大人にその話を聞いており，子どもにとってある程度予期できるものもあれば，突然の親の離婚や引っ越し，あるいは自然災害のような，子どもにとって予期することが難しい移行もあります。また，近所の子どもたちと同じ園に入園する場合のように，子どもがそれまでの生活との連続性を感じる移行もあれば，親の転勤に伴って，知り合いが誰もいない園へ転園する場合のように，子どもが連続性を感じにくい移行もあります。

　大人にとっては同じ出来事に思えても，一人ひとりの子どもが受ける心理的影響は違います。これまで経験していた環境と新しい環境との段差を，子どもがどのように感じているのか，大人の物差しではなく，子どもに視点を置いて理解することが重要です。

　子どもは，自分を温かく受け入れてくれる保育者との信頼関係を基盤にして，新しい環境に適応しようとし，安心してさまざまな活動に取り組み，他児との関係を形成していきます。環境の移行に直面している子どもたちが，安心して新しい環境になじんでいけるよう，保育者は一人ひとりにできるだけ個別的に対応することが必要です。状況に応じてスキンシップをとりながら，子どもの安心感につながる関わり方をして信頼関係を築き，子どもが不安な気持ちを表出できるよう援助することも大切でしょう。保育者によって自分の快の気持ちも，不快な気持ちも受け入れられ，見守られていると感じた子どもは，安心して自己を発揮できるようになるでしょう。

　そして，新しい環境に適応するまでには時間がかかります。保育室の入り口はどこか，自分のロッカーはどれかなどの物理的な配置はすぐに覚えても，保育者や他児との人間関係を含む社会的な環境のなかで自己発揮できるには，それよりも多くの時間がかかります。一見したところすぐに適応したように見えても，しばらく経ってから不安定になることもあります。保育者は，環境に早くなじむよう子どもをせかさず，子どもが安心して新しい環境を受け入れることができるようゆっくり見守る姿勢をもつことが大切です。

　また，自然災害による環境移行が発生したときには，保育者自身も被災者である場合があります。そのような場合には，保育者自身の精神的健康を守るために，同僚間で困難な状況を語り合ったり，心身の状態をチェックし合ったりすることが，子どもたちを援助するうえでも大切です。

### ②環境の変化や移行を乗り越えることで培われる力

　先述したように，たとえば父親が単身赴任で週末にしか一緒に過ごせなくなった子どもは，それまでのように父親と関わる時間をもてなくなりさびしい思いをしますが，週末に父親とともに過ごす時間が，それまで以上に充実した楽しい時間となり，父親との心の絆を感じて安心し，園でもさまざまなことに挑戦するようになるかもしれません。このように，環境の変化や移行を乗り越えることで培われる力があります。

　新しい環境との出会いとは，それまで慣れ親しんだ環境への自らの関わり方を変えて，新たな関わり方を見つけなければならないという，子どもにとって危機的状況であるといえます。エリクソン（Erikson, E. H.）は，乳児期から成熟期にいたる人の一生のライフサイクルを8つの段階に分け，各発達段階には解決されなければならない課題があり，人間はその危機を乗り越えることで力を獲得し，次の発達段階へスムーズに移行していけると述べています[3]。

　たとえば，乳児期の子どもは泣くことによって周囲に自分が不快であることを知らせ，それを受けて大人は授乳したり痛みを取り除いたりします。このように，周囲から適切なケアを受けることができれば，自分を取り巻く人々に対する基本的な信頼感を得ることができますが，それを受けることができないと，不信感をもってしまうと

考えられています。

　環境の変化や移行とは，子どもにとって危機的状況ではありますが，それを乗り越えられれば，自分に自信をもつことができる重要な機会でもあります。保育者は，環境の変化や移行を乗り越えることで，子どもに培われる力を見通したうえで，子どもが新しい環境に適応すること，つまり危機的状況を乗り越えることに困難を感じているときにはそれに共感し，子どもがその困難を自分の力で乗り越えることができるよう，子どもの力を信じて，保護者とともに子どもを支援していくことが大切です。

## ［2］保護者への援助

　子どもにとっての環境移行は，多くの場合，保護者にとっての環境移行でもあります。入園したばかりの子どもは，園の習慣や他児との関わり方がわからずに緊張した毎日を過ごします。子どもを園に通わせるという経験がはじめてである保護者も，ほかの保護者とのつき合い方や担任保育者とのコミュニケーションの取り方がわからず不安になったり，とまどったりして，子どもと同様に緊張した毎日を過ごします。

　下に妹が生まれて園の送迎がそれまでの母親から祖母に変わり，自転車に乗せられて園に来るようになった子どもは，園の行き帰りに歩きながら母親と木の葉を拾ったり，園の友達とどんな遊びをしたか話したりすることがなくなり，さびしい思いを抱き，保育中も元気のない様子がみられるかもしれません。しかし，このような環境の変化のなかで，保護者もまた新しい環境へ適応しようと試行錯誤していることでしょう。母親はますます忙しくなった子育てを夫に十分にはサポートしてもらえず，子どもの成長を家族でよろこび合う時間がもちにくくなり，ストレスが高まることもあるでしょう。

　親の不安定な気持ちを感じたとき，子ども自身も緊張し，不安になります。環境の変化や移行に直面し，新しい環境になかなか適応できない子どもを支援する際に，保育者は，保護者もまた子どもと同様に新しい環境に多少なりとも不安を感じていることを考慮して，保護者を支えつつ保護者と連携して子どもを支援することが大切です。その際に大切な視点は，保護者の話をじっくりとよく聞いてその気持ちを受け止めるということと，保護者の主体性を尊重する，つまり，自己決定を尊重するということであり，どちらも保護者との信頼関係を基本とするものです。

### ①保護者の話をよく聞く

　保護者が相談に来ると，何かアドバイスしないといけないと思いがちですが，一番大切なことは，まずは相手の話をよく聞くことです。何をアドバイスすればよいかばかり考えていると，保護者の話を聞くことがおろそかになり，話の大事な内容を聞き逃してしまうかもしれません。何か作業をしながら話を聞こうとしたり，忙しそうに

早口で対応したりすれば，保護者は相談を拒否されているように，あるいは非難されているように感じるかもしれません。

　温かい雰囲気のなかで視線を合わせ，ゆっくりと落ち着いた声で話すことや，ときにあいづちをうったり，うなずいたりすることも重要でしょう。聞くというのは，何もせずにただ相手のいうことを耳に入れればいいのではありません。支援の場では，相手の話を受け身的ではなく，積極的に聞くという姿勢が大切です。

　そして，保護者が「何をいったか」だけでなく，「どのように感じているか」に注意し，感情を受け止めて理解することが重要でしょう。親の情緒的な安定は，子どもの気持ちを安定させるうえで非常に大切です[4]。

### ②保護者の主体性を尊重する

　環境移行によって子どもの気持ちが不安定になったり，行動に変化がみられたりすると，保護者は子どもにどのように対応したらいいのかわからなくなり，保育者にその答えを求めて相談することがあります。親もまた新しい環境にとまどっていることが多いために，保育者にすべて頼りたいという思いをもつこともあるでしょう。しかし，そのようなとき，子どもへの対応を決定するのは基本的に保護者であることを忘れてはいけません。

　温かい雰囲気のなかで保育者に自分の感情を受け止めてもらい，自分と子どもが常に支援されていると感じた保護者は，安心し，不安な気持ちに振り回されることなく，落ち着いて自分自身で問題に取り組もうとし始めるでしょう。保育者の役割は，保護者の力を信頼し，保護者自身が自ら主体的に問題を解決していけるように側面的に援助することです。主体性をもって子どもの問題に対処したという経験は，保護者自身が親としての自信を高めることにつながります。

## ワーク1 自分自身の経験から考えてみよう

　これまでに自分が経験した環境の変化や移行を思い出し，不安だったこと，まわりから受けた支援，そしてそのような状況をどのように乗り越えたかについてまとめてみましょう。

**手順①**　できるだけ幼い時期からこれまでの人生を振り返り，環境の変化・移行であったと思う状況を3つとりあげましょう。時系列に沿って，1〜3まで記入しましょう（例：「引っ越し」）。

**手順②**　1〜3のそれぞれの状況において，心配だったこと，不安だったことを記入しましょう（例：「転校先の学校で友達ができるか不安だった」）。

**手順③**　1〜3のそれぞれの状況において，まわりから受けた支援や受けたかった支援について記入しましょう（例：「母が頼んでくれて，隣の家の子どもが登校のときに誘いに来てくれた」「教室で先生の近くの席に座らせてほしかった」）。

**手順④**　1〜3のそれぞれの状況をどのように乗り越えたかについて記入しましょう（例：「教室で机が近くの子に一所懸命に話しかけた。すぐに友達ができた」）。

**手順⑤**　小グループをつくり，メンバーの環境移行体験について，可能な範囲で発表

### これまでの環境の変化・移行の振り返り

| 環境の変化・移行 | 心配だったこと・不安だったこと | 受けた支援（受けたかった支援） | どのように乗り越えたか |
|---|---|---|---|
| 例）引っ越し | 転校先の学校で友達ができるか不安だった。 | 母が頼んでくれて，隣の家の子どもが登校のときに誘いに来てくれた（教室で先生の近くの席に座らせてほしかった）。 | 教室で机が近くの子に一所懸命に話しかけた。すぐに友達ができた。 |
| 1 | | | |
| 2 | | | |
| 3 | | | |

し合いましょう。そして，メンバーそれぞれの環境移行体験について，「自分が保育者，教師，あるいは親としてその状況に関わったとしたら，ほかにどんな支援ができそうか」について意見を出し合いましょう。

## ワーク2　事例から考えてみよう

### 事例 9-1　赤ちゃんかわいいよ！

（3歳児　10月）

　マキは，生まれたばかりの妹のハナのお世話が楽しいようで，園生活のなかでも，たびたび保育者にハナの話をしたり，おままごとごっこでは，赤ちゃん役にハナと名前をつけて遊んだりする姿がみられました。母親からも，ハナのオムツ替えを自ら行うなど，ハナをかわいがるマキの姿が伝えられていました。

　一方で，以前にはなかった頻度で，たびたび腹痛を訴え，保育者の膝のうえで過ごす時間が増えるなど，マキに変化がみられるようになりました。保育者がマキの様子を母親に伝えると，家庭では「耳が痛い」と頻繁に訴えるようになったものの，ハナをかわいがることに変わりはないということでした。

・子ども一人ひとりが感じる変化や移行の理解

　マキにとって妹の誕生は，以前から周囲の大人に聞いていたことであり，ある程度予期できるものであったでしょう。マキは小さな妹のことを本当にかわいいと感じ，世話をするのが楽しいのだと思われます。しかし一方で，それまでのように保護者の注意が自分へ向けられなくなり，親の愛情を奪われてしまったように感じていることも想像できます。自分の下のきょうだいに対する気持ちは複雑です。同居する家族が増えることは，子どもにとってうれしい出来事である反面，満たされない思いをもつ

経験となることもあります。新しい環境との出会いとは、それまで慣れ親しんだ環境への自らの関わり方を変えて、新たな関わり方を見つけなければならないという、子どもにとって危機的状況であるといえます。

　園では、腹痛を訴えて保育者の膝のうえで過ごす時間が、マキにとって自分の気持ちを落ち着かせる大事なひとときとなっています。子どもは、自分を温かく受け入れてくれる保育者との信頼関係を基盤にして、新しい環境に適応しようとします。環境の移行に直面している子どもたちが、安心して新しい環境になじんでいけるよう、保育者は一人ひとりにできるだけ個別的に対応することが必要です。

　マキの不安な気持ちを察した保育者は、保健室へ連れていくのではなく、マキを膝のうえに乗せてスキンシップをとりました。そして、まだ自分の気持ちを言葉では十分に表現できないであろうマキの小さなつぶやきを聞き逃さない距離で関わりながら、マキが不安な気持ちを少しでも表出できるよう援助しています。保育者は、環境に早く適応するよう子どもをせかさず、子どもが安心して新しい環境を受け入れることができるようゆっくり見守る姿勢をとることが大切です。

### ・保護者への援助

　子どもにとっての環境移行は、多くの場合、保護者にとっての環境移行でもあります。生まれたばかりの子どもの世話に忙しい母親は、マキが「耳が痛い」と訴えるのが気にはなるものの、日々の家事に追われ、マキに対してゆっくり関わることができていなかったのではないでしょうか。保育者がマキの様子を母親に伝えたことで、母親もまた、家庭でのマキの気になる姿を伝えることができているのは、母親と保育者との間にすでに信頼関係が構築されているからです。

　ハナのオムツ替えをする家庭でのマキの様子が、それまでに保育者に伝えられていたことから、園への送迎時などに気兼ねなく言葉を交わすことができる母親と保育者の関係性がわかります。そのような関係があるからこそ、保育者もマキの気になる行動を母親に伝えることができたのだと思います。

　日頃ゆっくり話す機会のない保育者から、子どもの不安定な様子を聞いたとしたら、母親は自分の子育てが責められているように感じ、家庭でも同様にマキの不安定な姿がみられることを率直に話すことはなかったでしょう。そして保育者は、母親に対して、出産後の体調をいたわる言葉や、子どもが増えたことによる家庭での母親のストレスを気遣う言葉をかけたうえで、まだまだ大人に甘えたいマキの気持ちを代弁したのではないでしょうか。そして、園と家庭の両方でマキの不安定な様子があることが確認され、マキを支援する必要性が共有されたことによって、母親と保育者とのその後の連携が生まれたことでしょう。

　環境の変化や移行に直面し、新しい環境になかなか適応できない子どもを支援する際に、保育者は、保護者もまた子どもと同様に新しい環境に多少なりとも不安を感じ

ていることを考慮して，保護者を支えつつ保護者とともに連携して子どもを支援することが大切です。その際に取るべき視点は，保護者の話をじっくりとよく聞いてその気持ちを受け止めるということと，保護者の主体性を尊重することであり，どちらも保護者との信頼関係を基本とするものです。

　温かい雰囲気のなかで自分の感情を受け止めてもらった母親は，保育者が自分と子どもを常に気遣い，支援してくれていると感じることができたでしょう。そのような保育者からの支援を受けながら，母親は，不安な気持ちに振りまわされることなく，親としてマキにどのように関わればいいか考えはじめたと思います。

　保育者の役割は，親の力を信頼し，親自身が自ら主体的に問題を解決することを通して親としての自信を高めていけるように，側面的に援助することです。

---

**（設問1）**

事例の続きを想像してみましょう。その後，母親と保育者の間にどのような連携が生まれたでしょうか？

---

**（設問2）**

下にきょうだいが生まれても親の愛情は以前と変わらないということを，子どもにうまく伝えるにはどうしたらいいでしょうか？　親からの伝え方および保育者としての伝え方を，子どもの年齢ごとに考えてみましょう。

## ［さらに学びを深めるために］

・氏原寛・東山紘久編著『幼児保育とカウンセリングマインド』ミネルヴァ書房，1995

　日常の保育活動におけるカウンセリングマインドの重要性は周知のこととなっています。カウンセリングマインドに関連する書籍は多くありますが，本書は執筆者の多くが幼児保育とカウンセリングの両方に関わる専門家であり，その専門性を生かして，カウンセリングとはどのようなものか，カウンセリングの知見を子ども理解にどう生かせばいいのかについて，豊富な実践例をあげて書かれています。

## ［引用文献］

1 ）稲田素子「移行期」小田豊・山崎晃編『幼児学用語集』北大路書房，2013，p.218

2 ）新保幸男「適応」『保育用語辞典』ミネルヴァ書房，2004，p.297

3 ）Erikson, E. H.(1950)Childhood and society. New York：W. W. Norton.(E. H. エリクソン，仁科弥生訳『幼児期と社会（1・2）』みすず書房，1977／1980）pp.317-354

4 ）梶谷健二「保護者に対するカウンセリング的アプローチ」氏原寛・東山紘久編著『幼児保育とカウンセリングマインド』ミネルヴァ書房，1995，p.229

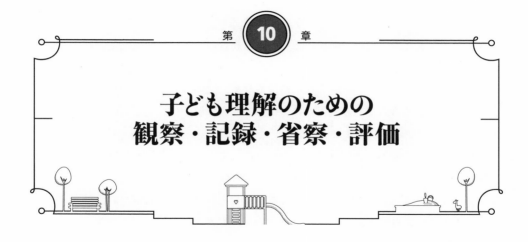

# 1 子ども理解と観察・記録・省察・評価

## ［1］幼児期の保育および教育のための観察・記録・省察・評価 ●・◀

　幼児期の保育および教育の目的は，子どもたちが自らの発達に必要な経験をしていけるように援助することです。そのような援助は，子どもをよく理解した保育者が構成した環境を通して可能となります。

　「子どもを理解する」とは，どういうことでしょうか？　子どもを理解するとは，「一人一人の幼児と直接に触れ合いながら，幼児の言動や表情から，思いや考えなどを理解しかつ受け止め，その幼児のよさや可能性を理解しようとすること」[1] といえるでしょう。したがって，子ども理解は，まず保育者が子どもたちの言動や表情を観察するところから始まります。そして，子どもたちがいきいきと遊んでいるか，興味・関心をもって，何かに集中できているかを観察し，それを記録しておき，保育後に実践を振り返り，その実践が保育のねらいにそったものであったかどうかを評価します。

　観察・記録・省察・評価という一連の過程において，保育者は，観察したときにとらえることができなかった子どもの気持ちに気づいたり，子どもの行動を別の視点からとらえることができるようになったりして，子どもの思いや考えをより深く理解し，子どものよさや可能性を感じることができるようになるでしょう。

　このように，観察・記録・省察・評価を通して子どもを理解することは，幼児期にふさわしい保育および教育を行っていくうえで欠かせないものです。

## ［2］子どものよさや可能性に視点をおく観察・記録・省察・評価 ●・◀

　保育実践において子どもたちの姿を観察・記録・省察・評価する際に，その一連の過程がどのような視点に立ったものであるかはとても重要です。たとえば，ある子どもが，他児に対して攻撃的であることに手を焼いている保育者は，その子どもが他児

に身体的攻撃をした回数や，他児がもっている物を取りあげた回数を観察し，記録することがあるかもしれません。しかし，これによって子ども理解は深くなるでしょうか？　前に述べたように，保育実践における観察・記録・省察・評価は，子ども理解のために行われるものであり，保育における子ども理解とは，子どものよさや可能性を理解しようとするものです。

他児に対して攻撃的行動が目立つ子どもであっても，よく観察すれば他児の行動を興味深そうによく見ていたり，同じ遊具を他児と順番に使うことができていたりする場面もあるのではないでしょうか。保育における観察・記録・省察・評価は，子どものよさや可能性を理解しようとする視点に立つべきです。

## 2　保育における観察

### [1] 観察とは

観察とは，ものごとを注意深く見ることです。保育の観察には，自らの保育実践のなかで子どもたちと関わりながら目の前で展開している保育を観察する場合もあれば，他園の研究公開保育などのように，子どもにとっては大勢の見知らぬ大人の一人として，子どもとことばを交わし合うことなく保育実践を観察する場合もあります。保育を観察する際に自覚しておかなければならないことは，いずれの観察形態をとるにしても，子どもを観察している保育者の存在が，観察の対象者である子どもの言動に影響をおよぼすことと，観察した子どもの言動や思いの解釈には，観察している保育者の考え方の枠組みが影響するということです。

こま回しに何度も挑戦してもうまくいかない子どもは，保育者から温かい笑顔で見られていることを感じると，もう一度やってみようとするのではないでしょうか。一方，保育者から期待されていないことを敏感に感じた子どもは，こま回しをやめてしまうかもしれません。また，しばらくこま回しに取り組んだもののうまく回せずにやめてしまった子どもを観察したとき，「興味をもったことには粘り強く取り組める力がある子ども」ととらえているか，「集中力がない子ども」ととらえているかによって，「以前よりも粘り強さが出てきた」と評価するか，「やっぱり集中力が持続しない」と評価するかが違ってきます。

### [2] 観察の方法

心理学では，人間の行動を科学的に解明する方法として観察法があります。観察法には，実験室などのあらかじめ設定された非日常的な場所で観察する「実験的観察法」と，実際の保育場面のような慣れ親しんだ事態のなかで行動を観察する「自然観察法」

があります。また，観察者がその存在を被観察者に明示しながら直接に観察する「参加観察法」と，マジックミラーつきの部屋から観察するように，観察者の存在を意識させない「非参加観察法」という分類もあります[2]。保育実践においては，「自然観察法」および「参加観察法」がよく用いられます。

　前述したように，保育者も一人の人間なので，自分では客観的に観察しているつもりでも偏った見方をしている場合があります。たとえば，いつもお手伝いしてくれる元気な子どもは忘れ物をしないだろうと思いこむなど，目立つ特徴に引きずられて評価が偏ることがあります。

## **3**　保育における記録

### ［1］記録とは

　保育における記録とは，保育実践において観察したことを文字や映像などの記録にとどめることです。保育を実践している保育者自身が記録する場合もあれば，観察者が記録する場合もあります。

　保育記録に決まった様式はありません。子どもの行動，発したことばや，そのときの気持ち，子ども同士の関わり，保育者の関わり方や，その意図およびそのときの気持ちなど，抽象的ではなくできるだけ具体的なことばで書くことが大切です。子どもの表情やしぐさなどの小さな表れを見逃さずに，ことばにならない子どもの思いを推し量ることも求められます。

　保育において記録を作成する意義については，以下の3つにまとめることができます。

### ①保育実践を振り返る

　保育の記録を書きながら，保育者はその日の実践を思い出し，子どもの姿や保育者としての自らの関わりを振り返ります。そのときの子どもの気持ちに気づいたり，保育者としてほかの関わり方があったことに思い至ったりします。記録を作成すること自体が保育を振り返ることであるともいえます。その振り返りにもとづいて保育の評価がなされ，それが保育の改善につながります。保育者が自らの保育実践を自覚し，保育の質を向上させるうえで，保育の振り返りの基礎となる記録の作成は重要です。

　保育実践を振り返ることは，指導計画の作成や見直しのための資料ともなります。また，気になる子どもの姿などを記録に残しておき，その変化をたどることで，援助の方向性や保育の見通しを立てやすくなりますし，専門的な支援を受ける際にはそれが重要な資料になります。

### ②保育実践を他者と共有する

　保育者の専門性を高めるためには，保育に関する自らの視点を広げ互いに学び合う仲間がいることが大切です。他者に保育実践を伝える際に，あいまいな記憶や印象だけを頼りにするのでは，保育実践の共通理解は難しいでしょう。保育実践を他者と共有し，協働しながら保育の質の向上をめざすうえで，保育実践を理解し合う手がかりとしての記録が必要になってきます。

### ③保護者との連携に生かす

　子どもが自己を発揮し，いきいきとした集団生活をおくる支援をするためには，保育者と保護者との連携が欠かせません。文字だけでなく写真やビデオなど，保護者にとってわかりやすい記録を用いて，遊びのなかで発達している子どもたちの姿を保護者に伝えることは，幼児期の保育および教育に関する保護者の理解を深め，保育者と保護者との連携を深めることにつながるでしょう。

## ［2］記録の方法

　保育における記録の方法には，文字による記録のほかに，写真やビデオを用いた記録があります。写真やビデオを用いても，記録者の視点からの記録であることには変わりはありませんから，実践場面すべてを客観的に記録できるわけではありません。

　以下に，記録方法の例をいくつか紹介します。

### ①子どもの行動の変化を記録する

　あらかじめ作成した名簿に，子ども一人ひとりのその日の行動や保育者との関わりなどを記入しておくと，子どもたちの遊びや行動の変化がよくわかります。また，た

とえば「他児を遊びに誘う」などの特定の行動の変化を記録したい場合には，その行動がみられたら名簿にチェックだけを入れていくという方法もあります。そのほかに，保育中に簡単なメモを取ったり写真を撮ったりしておき，保育後にエピソードとして記述するという方法もよく用いられます。

### ②保育の計画と関連づけて子どもたちの活動を記録する

日案や週案に子どもの姿を書き込むと，事前に立てた保育計画が子どもの興味・関心にそったものであったかどうかについて振り返る際に有効な資料となります。また，環境図を作成し，遊んでいた子どもの名前や遊びの様子などを記入しておくと，子どもたちの活動を空間的に把握でき，子ども同士の関わりをとらえやすくなります。

### ③子どもの姿を保護者と共有する

写真やビデオを使った保育記録として，「ドキュメンテーション」があげられます[*1]。「ドキュメンテーション」とは，記録を意味する言葉であり広い概念です。イタリアのレッジョ・エミリア市での保育実践で使われてから広く知られるようになりました。写真，映像や子どもたちの作品などを使って，保育者が子どもたちの活動の過程をまとめ，園の玄関や教室に展示するなど可視化し，子どもや保護者とそれらを共有するものです[3]。

そのほか，ニュージーランドの多くの乳幼児施設で使われている「ラーニング・ストーリー（学びの物語）」と呼ばれる保育観察記録があります[*2]。保育者が文字や写真やビデオなどを使って子どもたちの活動の様子を実践記録としてまとめ，子ども一人ひとりの学びの過程を記録し，子どもや保護者に対して公開するものです[4]。

## 4 保育における省察

### [1] 省察とは ●-・◆-・◆-・◆-・◆-・◆-・◆-・◆-・◆-・◆-・◆-・◆-・◆-・◆-・◆-・◆-

保育における省察とは，保育が終わったあとで保育実践について振り返り考察する

---

*1 ドキュメンテーションとは，写真やビデオなどを使った保育記録のことです。イタリアのレッジョ・エミリア市では，日々まさに行われている保育実践のなかでの子どもの姿を，保育者は自分の視点も含めて記述し，ドキュメンテーションとして可視化し，子ども，保護者，地域の人々と共有しています。ドキュメンテーションを作成することは，保育者にとって，実践を振り返るための大事な手段であるだけでなく，指導計画にもなります。

*2 ラーニング・ストーリーは，ニュージーランドで国として定められたカリキュラムであるテ・ファリキ（マオリ語で「織ってある敷物」の意味）にそった評価の方法です。保育者は写真やビデオなどを使って子どもの姿を記録し，子どもの姿のなかに，テ・ファリキが示す学びのどのような要素がみとめられるかを分析し，一人ひとりの子どもの「学びの物語」（ラーニング・ストーリー）として，子どもや保護者と共有します。

ことです。保育者が記録を作成すること自体が省察といえますし[5]，保育者や研究者が集まって記録を読み取り，集団で保育を省察することもあるでしょう。

　保育の記録をもとに省察する際に重要なことは，次の2つです。

### ①子ども理解を深める

　保育実践において保育者は，子どもの言動や表情などから子どもの思いを理解しようとしますが，子どもの表面にあらわれるそのような行動から内面を推し量ることが難しい場合もあります。保育中の子どもの行動にはどんな意味があったのか，どんな思いをもっていたのかなど，記録を読み取りながら，保育者自身がもっていた観点とは別の観点からも吟味し，子ども理解をより深めることが重要です。

### ②保育者の自己理解を深める

　保育において，子どもたちの活動の流れや子ども同士の関係は状況によって変化します。保育者は，そのときどきの判断で援助の方法を決めなければなりませんが，そこに絶対的な正解はありません。そのため，保育者は，常に保育を振り返り考察して，自分自身の保育実践を自覚する必要があります。それによって，保育の専門性を高めていくことができます。

## ［2］省察の方法 ●━•━❧•━❧•━❧•━❧•━❧•━❧•━❧•━❧•━❧•━•━●

### ①記録を書くことを通して保育実践を振り返る

　保育者が自らの保育実践を思い出し，作成した記録にもとづいて考察がなされます。その際，保育実践のなかで生じた多くのことがらから特定の場面を選択し記録したのは保育者の判断であり，その場面の解釈には保育者の観点が反映されています。保育者は，自分が注意を向けなかった場面があることや，観察した場面について自分がまだ気づいていないほかの観点からの解釈がありうることを，常に自覚しておくことが大事です。

### ②集団で保育を省察する

　エピソード記録や写真やビデオ記録などを使って，保育の実践について集団で協議することがあります。そのような協議を保育カンファレンスと呼びます。保育カンファレンスにおいては，ただ一つの正解を決めるのではないこと，多様な意見が出されることを大事にすること，ベテランの保育者の意見だけを重視するのではないこと，メンバーが対等に意見を出し合って子ども理解の多様な観点を共有することなどが重視されます。

# 5 保育における評価

## ［1］評価とは ●━•━•━•━•━•━•━•━•━•━•━•━•━•━•━•━•━•━•

　幼児期にふさわしい保育および教育がなされているかどうかを評価するには，保育を通して子どもたちがいかに発達的に変化したかをとらえる「子どもの発達の理解（評価）」と，保育環境を含めて，保育者の援助が保育の目標に向けて適切なものであったかをみる「保育者の援助の理解（評価）」という2つの面があります。これらはどちらも保育者による自己評価です。また，このような保育者による自己評価にもとづいて各園が行う第三者評価があります。

### ①子どもの発達の理解（評価）

　幼児期にふさわしい保育および教育を進めるためには，保育者は，保育実践において観察した記録をもとに子どもの言動を省察することを通して，子どもが発達的にどのように変化しているかを理解する必要があります。その際，現在の子どもの姿だけをとらえて他児と比較するのではなく，それ以前のその子ども自身の姿と比べてどんな可能性が広がってきたかという視点から，子ども一人ひとりの発達を理解することが重要です。

### ②保育者の援助の理解（評価）

　保育における指導は，「指導計画の作成 → 環境の構成と活動の展開 → 必要な援助 → 評価 → 新たな指導計画の作成」という循環のなかで行われます。保育者は，常に指導の過程について評価し，改善を図ることが求められます。このような評価は，ほかの保育者と保育実践記録を共有し，多様な視点から省察することを通して進めていく必要があるでしょう。

### ③第三者評価

　社会福祉法第78条第2項には「（前略）…福祉サービスの質の公正かつ適切な評価の実施に資するための措置を講ずるよう努めなければならない」と明記されていることから，保育所においては，定められた評価項目にもとづいて外部の専門家などによる第三者評価が行われます。幼稚園でも，保護者，学校評議員，地域住民などの学校関係者による学校評価，および第三者評価が行われ，このような評価の結果は公表することが求められています。

　保育におけるこのような評価は，各園が常に保育の質の向上を図ることができているかをみるために行われるものでもありますから，一度結果を出せばよいのではなく，

継続的に行う過程が大事です。また，評価の結果を保護者や地域住民などへ知らせることは，子どもの健やかな育ちを地域全体で見守ろうという思いへつながることが期待されます。

## ［2］評価の方法

### ①診断的評価・形成的評価・総括的評価

　保育の目標に照らして，子どもたちが発達的に変化を遂げているかをみるために，診断的評価・形成的評価・総括的評価が実施されます。診断的評価は，保育活動の前にそれまでの子どもの発達の姿を理解することです。その評価にもとづいて，子どもの発達を見据えた保育計画を立てることができます。

　形成的評価は，保育実践の途中で行われる評価です。実践している保育がねらいにそったものになっているか，子どもが興味・関心をもって主体的に取り組む活動になっているかを評価します。そして，保育のねらいや子どもの発達からずれている場合には保育実践内容を修正します。

　総括的評価は，年度末に子どもの育ちを把握するための評価です。子ども一人ひとりがどのような発達を遂げているかを理解し，一年間の保育実践の反省と次年度の保育実践計画に生かします。

### ②相対評価・絶対評価

　評価する際に，特定の子どもが同じ集団全体のなかでどのような位置にいるのかについて，他者と比較し評価することを相対評価といいます。それに対して，他者と比較することなく，一人ひとりの子どもが設定された特定の基準へどの程度到達しているのかを評価することを絶対評価といいます。保育所保育指針・幼稚園教育要領・幼保連携型認定こども園教育・保育要領で述べられているように，幼児期の保育および教育においては，子ども一人ひとりの特性や発達課題などにそった関わりが重視されています。他児と比較するのではなく個々の子どもの育ちを理解するという点では絶対評価の考え方につながっていますが，幼児期の保育および教育では，数値化できる

---

＊3　ECERS-3（Early Childhood Environment Rating Scale-3）は，保育環境という視点から3歳以上の集団保育の質を評価する尺度です。日本版では6つの下位尺度（空間と家具，養護，言葉と文字，活動，相互関係，保育の構造）と35の項目から構成され，研修を受けた専門の評価者によってそれぞれの項目が7段階で評価されます[6]。

＊4　CLASS（Classroom Assessment Scoring System）は，教室での保育者と子どもとの関わりに焦点をあてて評価する尺度です。保育者・教師の情緒的サポート（肯定的雰囲気，否定的雰囲気，教師の敏感さ，子どもの視点の認識），クラスの構成（子どもたちの行動の把握，生産性，指導的な学習形態），指導者としての支援（概念形成，振り返りの質，言語を用いたモデリング）という観点から，研修を受けた専門の評価者によって評価されます[7]。

ような目標へ到達することをめざすのではなく，保育および教育の「ねらい」の方向にむかって子どもがどのように育ったかという視点で評価します。

### ③さまざまな保育評価の手法

　保育の質や保育の過程を評価する方法には，評定項目ごとにチェックして得点化する「ECERS-3（保育環境評価スケール）」[*3]や「CLASS」[*4]などの評価方法と，保育者が実践を記録し，省察することで評価する「ドキュメンテーション」「ラーニングストーリー」のような方法があります。

　いずれの評価においても，子どもの言動だけでなく，保育者の関わりも記録されるので，子どもの育ちを評価することと保育者の援助を評価することとは一体となっています。

### ワーク1　事例から考えてみよう

　保育における観察・記録・省察・評価は，子どもを理解し，幼児期にふさわしい保育および教育を行うために必要な一連の過程です。子ども理解とは，一人ひとりの幼児のよさや可能性を理解しようとすることですから，保育における観察・記録・省察・評価は，子どものよさや可能性を理解しようとする視点に立ちます。

　次の事例を読んで，保育者の考えや行動を読み取りましょう。

---

#### 事例 10-1　先生にお手伝いできることはある？

——◦——◦——◦——◦——❂——◦——◦——◦——◦——

（3歳児　5月）

　4月に入園して，3歳児クラスの子どもたちが親元を離れて過ごし，園生活に少し慣れたころ，5月の大型連休を迎えます。子どもにとっては，思う存分親と過ごすことができる貴重な休みです。一方で，4月にがんばった分のご褒美のような時間を過ごすことができるからこそ，大型連休明けの登園は，子どもたちにとって少しがんばりが必要になるのです。

　連休明け，登園した子どもたちは，遊んでいてもどこかソワソワと落ち着きのない様子でした。しばらくすると，ハルトが保育者のところにやってきて，「ママに会いたい！」といって泣き出しました。すると，ハルトの泣き声に刺激されたかのように，クラスのあちらこちらから「ママに会いたい！」「ママがいい！」と泣く声が聞こえ，あっという間に保育者のまわりには，泣いている子どもが5人集まりました。

　保育者は，「ママがいいよね。会いたいよね。それなのに，今日はがんばって園に来てくれたのね。先生はみんなが来てくれてうれしかったよ，ありがとう！」と伝え

ながら，一人ひとりの背中をさすっていました。それでも子どもたちは，なかなか落ち着きませんでした。

　そこで，保育者は泣いている子どもたちに，「先生はみんなを助けたいと思っているの。先生にお手伝いできることはある？」と聞きました。すると，ハルトが「ぎゅーしてほしい」といったので，保育者はハルトを思いきり抱きしめました。しばらくするとハルトは泣き止み，遊びに戻って行きました。

　ハルトの発言を皮切りに，「お弁当のときに食べさせてほしい！」「絵本を読んで欲しい！」「抱っこしてほしい！」「一緒に遊びたい！」と，次々に子どもたちは保育者にしてほしいことをことばにしました。保育者が，子どもたちの気持ちに一つひとつ応えると，子どもたちは泣き止み，遊びに戻って行きました。

---

**（設問1）**

事例において，保育者は，子どもたちのなかに，どのようなよさや可能性を見いだしていますか？

---

**（設問2）**

設問1であげた「よさや可能性」を引き出すために，保育者はどんな支援をしていますか？

## ワーク2　事例から考えてみよう

### 事例 10-2　ゴルフで遊びたい！

──　◦　──　◦　───　◦　───　◦　───　❀　───　◦　───　◦　───　◦　───　◦　───

（5歳児　9月）

　ゴルフで遊びたいハヤトは，園に既存のゴルフ玩具がないことから，すべて自分でつくることにしました。ハヤトは，最初にゴルフに必要なものを考えて紙に書きました。必要なものは，ボール，棒，穴，旗。次に材料を考え，ボール以外は段ボールやその他の廃材でつくることにしました。

　まずは，段ボール箱を広げて，自分のハサミで段ボールにボールが入る大きさの穴を開けました。早速ボールを転がしてみると，段ボールがふにゃふにゃと波打っていてボールがうまく転がりませんでした。そこで考えたハヤトは，先ほどよりも頑丈そうな段ボールを探してきて穴開けを試みましたが，今度は自分のハサミでは歯が立ちませんでした。困ったハヤトが保育者に相談すると，段ボールカッターで穴を開ける方法を教えてもらえたので，無事に穴を開けることができました。

　次に，ゴール穴のそばに棒つき旗を立てることにしました。ところが，自分の糊をいくらつけても倒れてしまいます。ボンドやセロハンテープも試しましたが，なかなか立ちませんでした。最後は，困ったハヤトが友達を呼んできて，棒を支えてもらいながら，ガムテープを四方八方から貼る方法で見事にゴール旗が立ちました。

　数日の試行錯誤を経てゴルフに必要な用具が完成し，ハヤトは友達を誘いゴルフを楽しみました。

　直接的に子どもとことばを交わし合うことがなくても，保育者が同じ場にいることは子どもの言動に影響をおよぼします。また，ある子どもの行動を観察したときに，保育者がその子どもをどのような子どもだととらえているかによって，その行動の解釈は変わってくるでしょう。

　観察者としての保育者は，自分がその場にいることが子どもの行動におよぼす影響と，自分の考え方の枠組みが，子どもの行動の解釈におよぼす影響を自覚しながら，子どもを観察する必要があります。

　事例から保育実践を振り返り評価しましょう。

（設問1）

保育者の存在がハヤトの行動にどのような影響を与えていますか？

（設問2）

保育者はハヤトをどのような子どもだととらえているでしょうか？　保育者がも
しハヤトに対して，別のとらえ方をしていたら，ハヤトへの関わり方は，どのよう
に違っていたでしょうか？　想像してみましょう。

（設問3）

ゴルフ遊びは，ハヤトにとって興味・関心をもって主体的に取り組む活動になっ
ていたでしょうか？　それは，事例のなかのどの記述から読み取れますか？

[さらに学びを深めるために]

・大宮勇雄・白石昌子・原野明子編著『子どもの心が見えてきた ―学びの物語で保育は変わる―』ひとなる書房，2011

　幼児期に大切な「学び」とは何か。子どもの遊びのなかに，どんな学びがあるのかを細分化して研究を進めていくほど，子どもの姿がとらえにくくなり，一人ひとりの育ちではなく，クラス全体の到達度を評価するようになってしまった反省から，福島大学附属幼稚園では，ニュージーランドの幼児教育カリキュラムであるテ・ファリキを原理とする「学びの物語」を導入しました。保育中のエピソードから子どもを見取る，子どもたちの楽しんでいる姿から学びを見つけて記録するという手法によって，保育者による子どもの見かたが変わり，保育が変わっていったことが，多くの実践事例をもとに紹介されています。

[引用文献]

1）文部科学省『幼児理解に基づいた評価』チャイルド本社，2019，p.9

2）中澤潤「人間行動の理解と観察法」中澤潤・大野木裕明・南博文編『心理学マニュアル　観察法』北大路書房，1997，p.5

3）秋田善代美「レッジョ・エミリアの教育学」佐藤学・今井康夫編著『子どもたちの想像力を育む ―アート教育の思想と実践』東京大学出版会，2003，pp.73-92

4）大宮勇雄『学びの物語の保育実践』ひとなる書房，2010，pp.59-66

5）文部科学省『指導と評価に生かす記録』チャイルド本社，2013，p.14

6）Harms, T., Clifford, R. M.& Cryer, D. Early Childhood Environment Rating Scale®, Third edition, Teachers College Press, 2015（埋橋玲子訳『新・保育環境評価スケール①＜3歳以上＞』法律文化社，2016）

7）Pianta, R. C., La Paro, K.& Hamre, B. K., Classroom Assessment Scoring System（CLASS）, Paul H.Brookes, 2008.

第 **11** 章

# 子ども理解のための職員間の対話

## 1 　保育における対話と協働

### [1] 職員間の対話から協働へ

　子ども理解は，職員間での対話を通してより深く，確かにすることができます。子どもの興味や関心は多様で，保育所・幼稚園・認定こども園（以下「保育所・幼稚園など」）では，並行してさまざまな活動をしている子どもを同時に見ていかなければなりません。日ごろからの職員間での対話を密にすることで，子ども理解が適切に行われ，結果として適切な環境を構成し，援助していくことが可能になります。すなわち，対話を通して，目標を共有し，お互いに尊重し合いながら力を出し合って取り組んでいく保育者の協働が可能になるのです。

　同じ子どもについて，別の保育者は違う場面を見ていたり，同じ場面でも異なってとらえていたりすることもあります。また，子ども自身が，それぞれの保育者によって違った関わりの姿を見せていることもあります。そのため，日々の保育を職員でともに振り返り，保育者が一人では気づかなかったことや自分とは違うとらえ方に触れながら，職員全員で一人ひとりの子どもを育てるという視点に立つことが重要となります[1]。

　ここで，3歳児担任が，保育後に今日の保育で感じたことを職員間で話し合い，子ども理解をしようとしている例を見てみましょう。

> ### 事例 11-1　保育後の職員間の話し合い
>
> （3歳児クラス）
>
> 担　任：今日，お天気もよくて，ケイくんたちが砂場で穴を掘って水を溜めて遊んで

いたので，私も仲間に入れてもらいました。一緒に穴を掘って，水を溜めて，足をつけて遊びました。すると，そこで遊んでいた子ども5人が，みんな足元を見ていたので，とても不思議でした。

A先生：今日で2回目だけど，足が汚れることを気にせず，よく遊んでいましたね。みんなじっくり味わっているような表情でした。

B先生：ケイくんは，足元を見て，ゆっくり足を動かしていました。足を動かすことで砂混じりの水の感触を楽しんでいたのかもしれません。

担　任：アキちゃんは，足元を見ながらゆっくり足を動かしていたので，泥水で足が見えたり，消えたりするところが不思議だったのかもしれません。

B先生：確かに，家のお風呂では水が透明だし，足がなくなったのが出てきて不思議だったかもしれませんね。

A先生：カズくんは，思わず足元を見ているだけで，どうなっているのかまでは考えているように思えなかったなぁ。

　3歳児担任が，その日の保育で不思議に思ったことを話題にしたことから，同じ場を見ていたり，関わったりしていた保育者も子どもの姿を出し合い，意見交換しながら子ども一人ひとりの思いや考えを理解しようとしています。担任一人では，わからなかったり，行き詰まったりする子ども理解も，同じ場を共有した職員の目も借りて情報を得たり，新たな視点で考えたりすることで，少しずつ子ども理解を深めることができます。

　保育所・幼稚園などにおける保育は，一人ひとりの子どもが保育者や多くの子どもたちとの集団生活のなかで，周囲の環境と関わり，発達に必要な経験を自ら得ていけるように援助する営みです。子どもを理解することが保育の出発点となり，そこから，一人ひとりの子どもの発達を着実に促す保育が生み出されてきます[2]が，そこに職員間での対話があると，より深く，確かな子ども理解を可能にしていくことができるのです。

## ［2］保育者同士の見方や考え方の違いを尊重する ～•━•━•━•━•━•

　一人の保育者の目に映った子どもの姿は，それぞれの子どものごく一部にすぎません。また，保育者自身の子どもの見方や保育の考え方によって，その姿の見え方は違ってきます。子どもをより多くの目で見て，一人ひとりの子どものこれまでの経験，興味・関心の内容やその変遷，子ども同士や保育者との関係性，場面によって見せる姿の違いなど，子どもの遊ぶ姿や保育を多面的にとらえながら話し合うことで，保育者の子どもに対する理解や考え方が深まっていきます。そして，ほかの保育者の視点との違いに気づき，そこから自分自身の子どもに対する理解や子どもとの関わりを振り返ることが大切です[3]。

　保育者同士が，おのおのの違いを尊重しながら協力し合える開かれた関係をつくり出していくためにも，多様な意見に耳を傾ける姿勢が大切になります。

---

### 事例 11-2　3歳児担任の記録より

━━ ◦ ━━ ◦ ━━ ◦ ━━ ◦ ━━ ☀ ━━ ◦ ━━ ◦ ━━ ◦ ━━ ◦ ━━

（3歳児クラス）

　シンくんが，「かくれんぼ，かくれんぼ……」とつぶやきながら，近くのタライから銀色のコップに水をくんでいました。そして，砂場にしゃがみこむと，コップの水をそっと砂の上に流しました。すると，今度は水がしみ込んだ黒い砂の上に両手で近くの白い砂をかぶせていました。かくれんぼのイメージと，砂のなかに水を隠す遊びとが重なって，なるほどなと思いました。

　これはいつもと違う新しい遊びをしていたシンくんを見て，おもしろいと感じた担任が記録にとったものです。この3歳児担任の記録とシンくんの遊んでいる写真を見ながら，職員間で意見交換をしました。

A先生：水は何回かけていましたか？
担　任：回数ははっきりしませんが，何回かかけていました。
B先生：かくれんぼは，園でやったことがある？
担　任：まだありません。お姉ちゃんがいるから，家で経験があるかもしれません。
B先生：「かくれんぼ＝見えなくなる」ことがわかっているってことかなぁ。繰り返して何度かやっているということは，楽しかったはずだけど，シンくんは何が楽しかったんだろう。
担　任：そっと水を流しているから，水が砂にしみ込んでいくことか，水がしみ込んでいく様子がかくれんぼみたいで楽しかったのか，どっちかだと思うけど。
C先生：水を入れたあと，砂をかぶせているんですよね？

担　任：両手でかぶせるように，そっとかけていました。

C先生：すると，水が砂に入ったあと，砂をかぶせることでかくれんぼの隠れるイメージになったのかもしれませんね。

担　任：なるほど，水が砂に入るのは，まだ隠れていないってことか。

B先生：でも，「かくれんぼ」とリズムよく口ずさむおもしろさがあったっていうことはない？

　3歳児担任が提示した写真と楽しかった遊びの様子を聞いて，職員は質問をしながらシンくんの内面を理解するために必要な情報を得ようとしています。また，3歳児のシンくんにとって，これまでのかくれんぼの経験がどれくらいなのか，どの部分がかくれんぼのイメージと重なると感じているのかを，シンくんの言動やこれまでの経験から推し量ろうとしています。この日，示された写真や担任からの情報だけでは，シンくんの「かくれんぼ……」のつぶやきと水と砂での遊びをつなげて内面を推し量ることはできませんでしたが，この話し合いを通じてシンくんを含む子ども一人ひとりの遊びの様子をていねいに見ていこうとする保育者間の関係性がつくられたことは大きな成果でした。

　子ども理解にもとづき総合的に指導する力を発揮するためには，保育者の子どもに対する理解や指導について多面的にとらえ，見方を深めることが大切です。そのためには，お互いの見方や考え方の違いを尊重し合いながら，職員間で語り合うことが重要です。見方や考え方が異なることで，新たな見方や考え方に出会い，保育者自身の子どもに対する理解や子どもとの関わりを振り返ることができるようになるからです。

## ［3］子どもの姿を根拠に語り合う

　保育所・幼稚園などの保育が目指しているものは，子どもが一つひとつの活動を効率よく進めるようになることではなく，子どもが自ら周囲に働きかけて，その子どもなりに試行錯誤を繰り返し，自ら発達に必要なものを獲得しようとするようになることです。このような子どもの姿は，いろいろな活動を保育者が計画したとおりに，すべてを行わせることにより育てられるものではありません[4]。

　保育者も主体的にかつ具体的な子どもの姿を根拠にしながら，保育や子どものことを語り合うことが大切です。少ない事実から子どもが何を楽しんでいるのかや，何を実現しようとしているのか，何を感じているのかなどをとらえようとすると，保育者の感覚や思い込みで子どもを理解することにつながりかねないからです。

―・――・――・――・――✳――・――・――・――・――・――

（３歳児クラス）

担　任：今日，子ども達が砂場に水を溜めて足を浸けて，水と砂の感触を楽しんでいました。

A先生：どうしてそう思ったの？

担　任：汚れることなど気にせず，いろいろな遊びをてらいなくしてみようとする子どもたちなので，みんなが足で水と砂の感触を楽しんでいたと思います。

B先生：足で水と砂の感触を楽しんでいると思う理由は？

担　任：小さく「わぁ」という小さなよろこびの表情だったから。

A先生：子どもたちは，何を見ていたんだろう？

担　任：足元を見てたんだけど，私としては足の感触を確かめているような気がします。

　戸外では，子どもは開放感を味わいながら思い切り活動することができます。さらに，戸外では子どもの興味や関心を喚起する自然環境に触れたり，思いがけない出来事と出会ったりすることも多く，子どもはさまざまな活動を主体的に展開していきます。近年，地域や家庭において，戸外で遊ぶ経験が不足していることから，戸外での遊びのおもしろさに気がつかないまま，室内の遊びに偏りがちの子どもも少なくありません。そのため，この３歳児担任もこの時期の戸外遊びをとても大切にしており，この日も積極的に子どもと関わって遊んでいました。しかし，職員との対話からもわかるように，具体的な子どもの遊びの姿を根拠に何を楽しんでいたのかは説明できていません。そのため，保育者自身の考えを述べるにとどまっています。

　毎日一人で，このように保育の振り返りをしていたとすると，子ども理解がなかなか深まらないばかりか，保育実践の向上もできません。独りよがりな子ども理解にならないよう，ほかの保育者の意見や質問で新たな視点をもらい，具体的な子どもの姿を根拠に内面理解ができるようにしていくことが大切です。

## ワーク1　対話と協働の意味を考えてみよう

　保育における対話と協働の意味について理解し，グループでの対話を通して誕生会での保育者の出し物について考えましょう。

**準備物：模造紙**……各グループ１枚，縦に1／2折りして広げる（人数が少ない場合は，

　　　　模造紙1/2の大きさでもよい：図参照)

　　：**付箋紙** 3 色

　　：**水彩ペン** 8 色〜12色

**手順①**　本章１節に書かれている文章を読み，対話と協働の必要性と大切な視点について自分の意見を１色目の付箋紙に簡潔に書きましょう。

　　　　＊各グループで時間を設定して書くようにします。

**手順②**　付箋紙に書いた意見を説明して，模造紙の上段に貼ります。

　　　　＊同じ意見のものは近くに貼るようにします。

**手順③**　同じ意見は水彩ペンで囲むなどし，タイトルを書きます。

　　　　＊付箋紙を移動させたり，タイトルを決めたり，書いたりする際に，グループ内で確認し合いながら進めましょう。

**手順④**　各自，誕生会での保育者の出し物を２色目の付箋紙に書きます。３色目の付箋紙にその出し物にした理由を書きます。

　　　　＊誕生会に参加する子どもの年齢を決めておきます。

　　　　＊設定した時間内に考えられるだけ書きます。

**手順⑤**　２色の付箋紙をセットに，書いた意見を説明し，模造紙の下段に貼ります。

　　　　＊同じ意見のものは近くに貼るようにします。

　　　　＊付箋紙を移動させる際は，２色をセットに動かします。

**手順⑥**　どの出し物にするかグループで話し合いましょう。

　　　　＊決定したものがわかるように印をつけます。

　　　　＊決めた理由がほかのグループにわかるように，水彩ペンなどで模造紙に書きます。

**手順⑦**　対話と協働，誕生会での保育者の出し物について，グループで出された意見を発表します。


○**模造紙のイメージ**

| 対話と協働について |
| --- |
| 誕生会での保育者の出し物 |

## **2** 　保育カンファレンスの取り組み

### ［1］保育カンファレンスとは

　保育カンファレンスは，保育者が同僚などの他者とともに実践事例などについて検討し，互いの意見や情報を交流させる営みです。意見の一致や正答を求めるのではなく，ほかの保育者と対等な立場で話し合い，自身の考え方や保育実践を見直し，再構築していくことを目的として行われます。保育カンファレンスは，自主的に行われたり，定期的に行われたりすることで，保育・教育の質を確保・向上させる効果が期待されます。

　たとえば，対象となった事例や子どもへの理解を深め，実践に対する具体的な示唆を得ることができます。また，保育者同士が語り合うなかで，個人や集団の学びが生じることがあげられます[5]。

　園内での保育カンファレンスでは，具体的な子どもたちの姿や関わり，環境のあり方などをとらえた文字や写真，動画などによる保育の記録を用いて，参加する者全員が理解を共有しやすくする工夫[6]も行われています。また，どの職員も主体的に参加し，対話し，学ぶことができるような場や時間の工夫も行われています。そして，初任者から経験を積んだ職員まで，全職員が自分の保育を振り返り，自らの課題を見いだし，それぞれの経験を踏まえて互いの専門性を高め合う努力と探究をともに積み重ねることが求められます。そのためにも，日頃から対話を通して子どもや保護者の様子を共有できる同僚性を培うこと[7]が大切です。

### ［2］保育カンファレンスの実際

　保育カンファレンスの特徴を森上は，①「正解」を求めようとしない，②「本音」で話し合う，③園長や先輩による若年保育者の指導にしない，④批判や論争をしない，⑤それぞれの成長を支え合い育ちあうこと[8]，とまとめています。現在，さまざまな園で保育カンファレンスを行う際に，経験年数のある保育者や管理職など一部の参加者が発言して終わらないように，はじめに少人数のグループで話し合って全体の意見をまとめる方法や，付箋紙を活用して意見をまとめていいやすい環境を整えたり，話し合いの内容を模造紙などに記録し，参加できなかった保育者にも伝達したりする方法がとられるなど，参加者全員が主体的にカンファレンスに参加できるような工夫がされています。

　ここでは，保育所・幼稚園などの取り組み事例から，保育カンファレンスがどのような内容や方法で行われているのかを見ることで，その工夫のあり方を学んでいきましょう。

## ①年度末の目指す子どもの姿を描き，保育を考える

〈田の字法〉

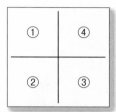

・園の規模や参加者数に応じて，年齢別に意見を出してまとめるなど工夫する。
・口頭で意見を出し合い，模造紙に記録する方法もある。

---

以下の4つの視点にもとづき，付箋紙に自分の意見を書く。

① 園児のよいところ

② 年度末の目指す子ども像

③ 求められる保育者の援助と環境構成

④ 取り組んでみたこと（③のなかで）

書いた意見を発表し，模造紙にまとめる。
複数のグループで実施した場合は，全体で発表する場を設ける。

---

これは，年度始めの保育カンファレンスで行われることが多いものです。新しい保育者とともに，園の目指す方向性を確認したり，それぞれの保育者がどのような考えをもっているのかを知り，仲間意識を向上させたりすることを目的に行われます。ここでも正解を求めたり，自分とは違う意見を否定したりする発言や雰囲気がないよう，参加者全員が努めることが大切です。

保育者だけではなく，看護師や調理師，用務員など，また保育補助員など，全職員が参加できるようにしている園もあります。全体の場で自分の意見を発言することに慣れていない保育者や職員もいますが，回を重ねるごとに発言することにも慣れ，温かい雰囲気のなかで，お互いの意見を聞き合うことが楽しいと思える会になっていくことを目標に，取り組んでいます。

また，こうした保育カンファレンスは，日程と内容を事前に知らせておいたり，タイムキーパーを決めて事前に知らせておいた終了時刻で終わるようにしたりすることで，誰もが参加しやすいものにしていくことが大切です。一度で成果をあげることが大切なのではなく，職場内に話し合いをする風土づくりをし，職員間で意見交換する楽しさやおもしろさを感じつつ，保育実践等の向上につながっていることを実感できるようにすることが求められます。こうしたなかで育つ保育者は，子ども理解から始まる日々の保育の営みが，ほかの保育者とのカンファレンスによって成り立っていることを自覚し，自ら他者の意見を求める保育者としての基本的な姿勢が築かれていくことでしょう。

**②指導計画（週日案）の交流を通して学び合う**

| |
|---|
| 1．持参した自分の指導計画（週日案）について振り返る<br><br>　①　作成してよかったこと・課題面を付箋紙に書く<br><br>　②　該当のところに貼る<br><br>2．同僚の指導計画から学ぶ・考える<br><br>　①　自分の指導計画をグループ内で回覧する<br><br>　②　付箋紙によいところ・疑問点・改善点を書き，貼る<br><br>3．シェアリング<br><br>　①　もらった意見を読む<br><br>　②　グループ内で記載事項について協議する<br><br>　③　グループ発表をする<br><br>　④　今後，週日案で取り組んでみたいことや演習の感想を発表する |

- 同僚のよさを取り入れて持参した指導計画を修正することで，聞きやすい雰囲気が生まれ，その後の自主的な学び合いにもつながりやすい。
- 複数担任で自分が書いたものがない場合は，同じクラスのものを持参する。
- 特別支援担当者（加配保育者）は，個別の指導計画や月案にし，グループを分けて行うなど，工夫する。

　日々の指導計画や記録について，これでよいのかといった不安や，実践を通して学びたいといった意欲をもっている保育者は多くいます。しかし，個別に声をかけて見せてもらうことが難しかったり，話し合う時間が取れなかったりすることから，こう

した保育カンファレンスは，若い保育者を中心に求められています。また，各園の実態に合わせて，実施方法やテーマをアレンジして行うことにより，より一人ひとりの保育者の課題にそったものにしている園もあります。

　お互いの実践からよさを見つけ出し，学び合うこうした取り組みは，保育者に自信をもたせ，さらなる学びの意欲へとつなげていくことが期待されます。

### ③動画を使って保育を考える

> 1．保育（動画）を観る視点を確認する
>
> 　　遊び（活動）への取り組み方，遊具・用具・道具の扱い方
>
> 　　友達との関わり，楽しんでいたこと，つまずいていたことなど
>
> 2．保育を振り返る・考える
>
> ①　記録を取りながら動画を視聴する
>
> ②　子どもの姿から内面を考える（付箋紙への記入 → 発表する → まとめる）
>
> ③　保育者の援助でよかったところを出し合う
>
> ④　子どもの育ちと保育のねらいを確認する
>
> ⑤　ねらいを達成するために，明日の環境構成と援助を考える

　動画の活用は，何度も同じ場面を見て考えることができるだけでなく，保育を見合うことが難しい園でも，お互いの実践を通して話し合うことができます。保育の指摘に終わらないように配慮しながら，子ども理解につながる話し合いにしていくことが大切です。

　また，動画や写真は，撮影者である保育者が，何に着目して子どもの遊びや生活を見ているのか，子どもの育ちや学びを，どのような視点でとらえようとしているのかが映し出されやすいものです。保育者自身の保育観や子ども観を自覚したり，偶然撮れた子どもの姿から新たな視点を学んだりすることにもつながっていきます。

### ④一つの遊びに見られる子どもの姿と環境構成の多様性を考える

> 1．話し合いたい遊びを決める
>
> 　・決定した遊び名を模造紙の中央に書く
>
> 2．その遊びに見られる子どもの姿を出し合う
>
> 　・連想ゲームの要領で，関連する意見を線で結びながら記録する
>
> 　・こんな遊び方も出てくるといいなと思う姿も出す
>
> 3．その子どもの姿につながる環境の構成について意見を出す
>
> 　・関連する意見は線で結んだり，近くに書いたりして記録する
>
> 　・柔軟な発想で考えることを大切にし，今後やってみたい環境の構成についても

意見を出す
4．出た意見のなかで，今の子どもに合っていることから実践する
　　・実践するもの，したものに印をつける

　　保育者には，教材研究や環境構成を行いながら，それぞれの遊びの特性を深く理解することが求められています。しかし，実際には遊びの特性が十分理解できないまま，どのように子どもの遊びに関わったらいいのか，次の環境構成は，どのようにしたらよいのかなど，悩むことも少なくありません。

　　一つの遊びが子どもの発達にとって，どのような意味をもつのか，どのような遊び方があるのか，この遊びならではの楽しさやおもしろさは何か，大切にしておきたい環境の構成はあるのかなど，お互いの経験を生かしながら意見を出し合うことで，何となく理解していたことを整理したり，新たな視点に出会ったりすることができます。

　　また，話し合い終了後，続けて翌日の保育の準備に移ると，意見交流と保育実践とが結びつき，保育カンファレンスのおもしろさや必要性を感じることができます。少ない時間で話し合う方法を考え，工夫することは，継続的な保育カンファレンスを支えていくことにつながります。

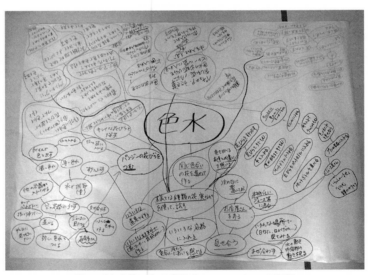

**図1　「色水遊び」の保育カンファレンスの記録**

　　こうした保育カンファレンスは，園内だけではなく，近隣の保育所・幼稚園などの保育者と行うことも有効です。普段当たり前だと思っている自分の保育観や自園の保育理念が，他園の保育者と行うことでこれまでにないほかとの比較によってより鮮明に意識化されます。子どもの姿をどうとらえるか，環境の意味をどうとらえるか，どこまで見守り，どこからどう声をかけて援助するかなど，自分の日頃の実践と比較し

ながら，ほかの実践の意味を問い，考えることができます。現に保育所，幼稚園，認定こども園など，施設を問わず語り合う場がもたれています。

**ワーク2　グループで話し合ってみよう**

---

**（設問1）**

「④一つの遊びに見られる子どもの姿と環境構成の多様性を考える」保育カンファレンスを行い，グループ発表してみましょう。

---

**（設問2）**

実践してみた感想をもとに交流してみましょう。

---

**［さらに学びを深めるために］**

・文部科学省『幼児理解に基づいた評価』チャイルド本社，2019

「幼児理解にもとづいた評価の実際」として実践事例が多く載せられています。記録，動画を用いた保育カンファレンスの実際も学ぶことができます。保育カンファレンスによって，多様な保育の見方や考え方にふれ，そのときの保育のポイントや子どもの気持ちや動きの変化について気づいていっている保育者の姿を見ることができます。

**［引用文献］**
1）文部科学省『幼稚園教育要領解説』フレーベル館，2017，pp.48-49
2）文部科学省『幼児理解に基づいた評価』チャイルド本社，2019，p.3

3）文部科学省，同上書，p.51

4）前掲書1），pp.29-30

5）境愛一郎・中坪史典「保育カンファレンスで複線径路・等至性モデリング（TEM）を活用することの意義と課題　〜若手保育者へのアンケート調査から〜」『宮城学院女子大学発達科学研究』No.17，2017，pp.21-32

6）厚生労働省『保育所保育指針解説』フレーベル館，2017，pp.350-351

7）同上書

8）森上史郎「保育を開くためのカンファレンス」『発達』68，ミネルヴァ書房，1996，pp.1-4

# 第 12 章

# 子ども理解のための
# 保護者との情報共有

## **1** 保育所保育指針などにおける保護者との情報共有

　乳幼児の保育において，子どもの保護者との連携や情報共有は必須であり，重要な保育者の専門性の一つです。

　子どもの発達や生活状況などをよく理解して保育を行っていくためには，子どもの24時間の生活の流れや内容を考えて，保護者と連携して進めていくことが必要です。登園・降園時に保護者と会話したり，連絡ノートでやりとりしたり，おたよりなどを配布したりして，日常的に子どもの姿や育ちを共有し，子どもの成長をともによろこび合う大人として信頼関係や協力体制を築いていくことが重要といえます。食事や睡眠などの子どもの日常的な生活の様子，生育歴やこれまでに罹患した疾病，予防接種などの健康に関わることや，災害時における避難場所，連絡方法なども含めて共有していることが求められます。

　また，保護者と情報を共有するにあたっては，保護者の生活状況や精神的な負担感など，日々保護者の気持ちに寄り添いながら話を聞くなどして受け止め，支えていくことが大切です。こうして保護者を支えることで，子どもの生活の安定につながり，発達や育ちの重要な支援となるのです。

　2017（平成29）年には，保育所保育指針（以下，保育指針）や幼稚園教育要領（以下，教育要領），幼保連携型認定こども園教育・保育要領（以下，教育・保育要領）が改訂（定）されました。保育指針では，保護者との情報共有については，子育て支援の観点から第4章の2に以下のように示されています。また，教育・保育要領にも保育指針と同様の記述があります。

---

**『保育所保育指針』第4章の2 保育所を利用している保護者に対する子育て支援**

（1）保護者との相互理解

ア　日常の保育に関連した様々な機会を活用し子どもの日々の様子の伝達や収集，保育所保育の意図の説明などを通じて，保護者との相互理解を図るよう努める

---

こと。

イ　保育の活動に対する保護者の積極的な参加は，保護者の子育てを自ら実践する力の向上に寄与することから，これを促すこと。

一方，教育要領では，家庭との連携の観点から第1章に以下のように示されています。

---

**『幼稚園教育要領』第1章の第6幼稚園運営上の留意事項**

2　幼児の生活は，家庭を基盤として地域社会を通じて次第に広がりをもつものであることに留意し，家庭との連携を十分に図るなど，幼稚園における生活が家庭や地域社会と連続性を保ちつつ展開されるようにするものとする。その際，地域の自然，高齢者や異年齢の子供などを含む人材，行事や公共施設などの地域の資源を積極的に活用し，幼児が豊かな生活体験を得られるように工夫するものとする。また，家庭との連携に当たっては，保護者との情報交換の機会を設けたり，保護者と幼児との活動の機会を設けたりなどすることを通じて，保護者の幼児期の教育に関する理解が深まるよう配慮するものとする。

---

『少子化社会対策白書（令和元年度版）』によれば，約9割以上の幼児が3歳児になると保育所や幼稚園などの保育施設を利用し，4，5歳児に達するとほぼすべての幼児が保育施設を利用すると報告されています。また，共働き家庭の増加によって低年齢児の保育施設利用率も増加傾向にあります[1]。これからの保育は，子どもの健やかな育ちのために，より積極的に保護者と保育者が連携しながら対応していくことが求められ，ますます保護者との情報共有が重要となります。

## **2**　保護者との情報共有の意義

### ［1］子どもを取り巻く環境 ●━◆━❖━◆━❖━◆━❖━◆━❖━◆━❖━◆━❖━◆━❖

　子どもは，出生前は胎内環境のもとで育ち，そして出生後には，さまざまな人的・物的環境のもとで育ちます。子どもを取り巻く環境を考えたとき，ブロンフェンブレンナー（Bronfenbrenner, U.）の生態学的システム理論が参考になります。ブロンフェンブレンナーは，人間の発達過程を個人と環境との相互作用によって形成されるものとして，生態学的システム理論を提唱しました。この理論では，子どもは入れ子構造をもった生態学的環境に組み込まれて発達していくと考えられます（図1）。一つひとつの入れ子が，マイクロシステム，メゾシステム，エクソシステム，マクロシステムと名づけられています。

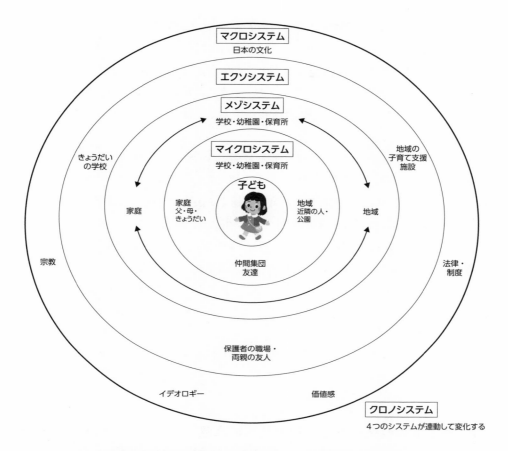

図1 幼稚園・保育所・認定こども園に通う子どもを取り巻く環境システム

(ブロンフェンブレンナー［1996］のモデルを参考に著者作成)

　幼稚園・保育所・認定こども園（以下，幼稚園・保育所など）に通う子どもを例に考えてみましょう。子どもを取り巻き，直接的な交流のあるもっとも近い環境（層）のことをマイクロシステムといい，入れ子構造の中心となります。子どもにとっては，直接の交流のある環境で，家庭や幼稚園・保育所など，あるいは父・母・きょうだいや幼稚園・保育所などの友達や保育者といった人，場所，物が，これにあたります。子どもは，このマイクロシステムから直接さまざまな強い影響を受けます。

　幼稚園・保育所などでの子どもの行動は，家庭での生活状況から影響を受けたり，幼稚園・保育所などで行っている行動形式を家庭でも取り入れたりするなど，家庭と幼稚園・保育所などは，相互に関連し合っています。このように，子どもが参加している2つ以上の行動の場面（たとえば，家庭と保育所）を，相互に連結させるシステムのことをメゾシステムと呼んでいます。メゾシステムは，子どもが新しいマイクロシステムに入るたびに新しく形成されていきます。

　さらに，子どもが直接居合わせていない，参加できない場面ですが，子どもに影響

をおよぼす環境（層）のことをエクソシステムといいます。これは，子どもが属しているマイクロシステムに直接影響をおよぼすわけではありませんが，間接的に影響します。親の職業や両親の友人のネットワークなどが，これにあたります。親の職場や労働環境は，家族や子どもを経済的に支え，子育てに必要な環境をつくる重要なエクソシステムであり，子どもの発達に影響を与えることは，実証的に明らかにされています。

　これまで説明した3つのシステムの根底にあるものが，マクロシステムと呼ばれています。イデオロギーや宗教，国や文化，法律・制度，価値感などがマクロシステムにあたります。子育て中の家庭は，保育に関連する法律や制度の影響を受けているように，子どもは常に複合的な環境のもとで日々生活し，成長しているのです。

　そして，これらのシステムでは，時間軸が重視され，弟や妹の誕生，入園や入学，卒園や卒業，転居などの子どもにとっての環境の変化（これは子ども自身の立場や役割の変化と言い換えることもできます）が生じると，そこに生態学的移行が起きて，前述の4つのシステムもそれに連動して変化する（これをクロノシステムといいます）と考えられています。

　したがって，環境は子どもとの関係の質に応じて重層的な構造をもち，かつ時間軸上で変化しながら全体がシステムとして働くということになります。

## ［2］子どもの発達や育ちと情報共有の意義 ●━◆・◆・◆・◆・◆・◆・◆

　子どもの現在の行動を理解するためには，子どもを取り巻く環境からさまざまな観点をもって，子どもに関わる情報を収集することが必要になります。現在の子どもに関わる情報，これまでの育ちの過程に関する情報，これからの子どもに対して保育者や保護者が期待する姿や子育ての方針に関わる情報など，多方面からの情報を収集し，子どもの行動の意味やおかれた状況をくみ取ることが大切です。

　たとえば，保育所でみられる「子どもが指を吸う」という行動から考えてみましょう。これまでにみられなかった行為として生じた場合，保育者はまず，保育所だけでの姿なのか，家庭ではどうなのだろうか，保護者は気がついているだろうかと，さまざまな疑問を抱きながら，保育所や家庭での子どもの様子や生活状況などの情報収集を行います。そして，保育者と保護者が情報を共有することによって，「指を吸う」行為の意味や背景がみえるようになっていきます。

　「指吸い」が多くなった要因として，保護者の仕事の多忙さから家庭内で子どもと関わる時間がとれていない，保護者の出張等により祖父母宅で過ごしている，妹や弟が生まれたなど，なかなか甘えられない反動で，一時的にこのような行動を表出しているのかもしれません。

　このように保育者と保護者が情報を共有することにより，保育者は家庭での子ども

の様子や生活状況を把握できるだけでなく，保護者の現状や考え方を理解したうえで保護者への支援も行うことが可能になります。他方，保護者は保育所での子どもの様子を知ることで，安心感が生まれ，子育ての悩みを保育者に伝える機会につながります。さらに，保護者は保育者から子育てに役立つ情報を獲得することで，子どもに対する新たなとらえ方を見つけだすことにもなります。

## **3**　保育者と保護者との情報共有の方法

　保育者と保護者が情報共有する際，『保育所保育指針解説書』には，「連絡帳，保護者へのお便り，送迎時の対話，保育参観や保育への参加，親子遠足や運動会などの行事，入園前の見学，個人面談，家庭訪問，保護者会」と示されています[2]。

　このような手段・機会を保護者との情報共有として活用するには，保護者の子育てに対する自信や意欲を支えられるように，その内容や実施方法を工夫することが求められます。

### ［1］送迎時の対話 ●━◆━●━◆━●━◆━●━◆━●━◆━●━◆━●━◆━●━◆━●━◆━●

　保護者による子どもの送迎は，両者が直接会って話せることにより，相手の様子を深く観察したり，具体的に説明したりすることができるため，誤解が生じづらいといわれています。保育をしながら送迎時に対話をするため，時間的な制約が生じますが，短い時間のなかでも大切な子どもの情報を交換し，日々，家庭と連携しながら，子どもの育ちを支えていくことの意義は大きいといえるでしょう。

　保育者と保護者が子どもに関する情報を交換している際に，保護者が関連している悩みを話しだすケースも少なくありません。保護者との日々のコミュニケーションを大切にするとともに，保育者の受容的態度や傾聴する態度により，保護者にとって子どもの悩みを話しやすい雰囲気をつくることが望まれます。

　保護者は保育者が専門的知識や技術を有しているからこそ，保育者に聞きたいという思いが生じますが，保護者のなかには，保育者が保育の専門性を保持しているからこそ，家庭での子育てを自分から話そうとしないというケースもあります。だからこそ，送迎時の対話において，保護者への受容的態度を心がけることが大切なのです。

　保護者と保育者の間で日常的な挨拶，会話などがていねいに行われていれば，信頼関係が築かれ，保護者の状況も把握しやすく，かつ保護者も保育者に援助を求めやすくなります。その他，送迎時の機会は，保護者と子どもの関係や，保護者や子どもの状態を観察することができます。一方，保護者はほかの子どもの様子，子ども同士の関係，保育者の子どもへの関わりなどを観察できる機会になります。

　送迎時の対話は，情報を共有できる貴重な機会ですが，ほかの保護者や職員，子ど

もがいる日常場面で展開されるため，個人情報に深くふれることは控えるなど留意して行うことが重要です。

## ［2］連絡帳

　連絡帳は，子どもの家庭での過ごし方や保護者の思いを把握することができる大切なツールです。3歳未満児の保護者とは，毎日連絡帳を交換することが多いでしょう。家庭での生活について24時間，睡眠，食事，体温，排便に関する項目を記入してもらうことで，家庭との連続性のなかで保育を行うことが可能になります。

　たとえば，「昨夜は夜泣きがひどかった」「食欲がなく，朝食をあまり食べていない」ということが把握できることで，保育所における食事時間を調整し，早めに食事を準備して，子どもが眠くなる前に食べ終わり，早めに眠るという対応をとることができます。このように保護者が家庭での子どもの様子を連絡帳を通して伝えることで，保育者は保育の見通しを立てることができます。このことは保護者の保育に対する安心につながります。

　連絡帳を用いた子どものエピソードの伝達は，保育者の思いや子どもの成長をともによろこぶ気持ちを伝える機会にもなります。連絡帳に記された子どものエピソードから，子どもの個性や成長を感じている保護者もいます。一人ひとりの子どものエピソードを記入することで，自分の子どもをよく見てもらえているという安心感につながります。

　連絡帳は，文字を用いて，子どもの情報や保護者，保育者の思いを伝えあうものです。当然のことですが，文字からは相手の表情が見えず，また，読む人によってとらえ方が異なることもあります。そのため，否定的な内容は極力控えて，肯定的な内容を伝達することが重要です。連絡帳は文章として残るという特徴があるため，記入内

容には留意が必要になります。

　多忙な保育者と保護者双方にとって，毎日の記述は負担になることもあります。また，外国人の保護者には，日本語を書いたり読んだりすることが困難な場合もあるため，十分に配慮しなければなりません。たとえば，持ち物の準備，ケガや事故，健康面の伝達は，状況に応じて通訳から伝えたり，保護者の母国語で記入したりすることで，トラブルを未然に防ぐことができます。

## ［3］保育の様子の掲示

　一日の保育のエピソードや子どもたちの姿を，保護者がお迎えの際に見える場所に掲示するという方法があります。保護者は，子どもたちがどのように園で過ごしているのかを知る機会となります。掲示にはクラス全体のエピソードを記入し，連絡帳には一人ひとりのエピソードをよりていねいに記入するという方法で，すみわけもできます。最近は，写真やタブレット式のICT機器などで動画を見られる園もあります。保護者は，子どもの遊びや生活をイメージしやすくなりますが，保育に支障がない範囲で行うことが求められます。また，保育者はクラス全体の子どもを均一にバランスよく撮影するなど配慮する必要があります。

## ［4］保護者へのおたより

　園には，担任によるクラスだより，栄養士による食育だより，看護師による保健だより，園全体における園だよりなどがあります。

　たとえば，保育者のクラスだよりでは，子どもたちの遊びの様子や好きな絵本，歌っている歌，友達と関わる様子を保育者の視点で解説をしながら伝えることができます。栄養士による食育だよりは，子どもたちに人気の給食メニューやそのつくり方を紹介したり，季節の食材を用いた料理や素材を生かしたおやつなどを紹介したりすることができます。看護師による保健だよりは，その時期に流行しやすい感染症や，感染対策，罹患した際の対処法などを説明することができます。

　定期的に園での活動を保護者に情報提供することによって，保護者も園での様子に興味をもち，安心感をもつことができます。園にとっては一度の配布で多くの家庭に同じ内容の情報を効率的に提供することができます。また，保護者も読みたいときに読めばよいため，負担感も抑えることができるでしょう。

　「おたより」は保護者に読んでもらうことが重要です。「おたより」は，保護者が読まない限り，園の情報が伝わることはありません。多忙な保護者のなかには，情報を見落とすこともあるでしょう。また，「おたより」は，園からの一方的な情報提供であるため，保育者は家庭での子どもの情報や保護者の考えを知ることはできません。配

布するだけにとどまらず，対面での会話や連絡帳などの方法とともに行いながら，家庭からの情報を受け取る工夫を心がけることが重要です。

## ［5］保護者懇談会 ◆─◆─◆─◆─◆─◆─◆─◆─◆─◆─◆─◆─◆─◆─◆─◆─◆

　　保護者懇談会は，保育所の運営・保育方針・クラスで取り組む保育内容などの伝達，保護者同士がつながる機会の提供，子どもの成長発達の状態や課題，その対応に関する情報を共有する機会にすることが目的です。保育所の方針や個別の課題を伝えることだけではなく，保護者の話を傾聴し，課題にともに取り組む姿勢が求められます。

　　年度のどの時期に行うかを検討するのは重要です。はじめて集団保育に子ども預ける保護者が多い場合，年度のはじめに設定すると，クラスのほかの保護者とのコミュニケーションを図る機会となり，保護者の安心感につながります。

　　保護者懇談会においては，自分から話せる保護者ばかりではありません。発言しづらい保護者に対しては，担任保育者が配慮する心配りが必要です。また，都合で不参加の保護者に対しても，保護者懇談会終了後に情報を伝達し，共有することを忘れてはいけません。また，懇談会は送迎時では対応しきれない課題などに保護者とともに取り組む機会，あるいはそのきっかけとなります。日常の送迎などからの情報をもとに，懇談会を活用した子育て支援に連動させて行うことも重要といえます。

　　保護者懇談会は，保護者の子育ての状況，困っていることに対しての対応策をともに考える機会です。課題のみを伝える機会ではありません。保護者の子育てと子どもの成長発達や行動の変化との関連を具体的な場面を提示しながら伝えることで，保護者の子育てを支えることが大切です。

## ［6］行事 ◆─◆─◆─◆─◆─◆─◆─◆─◆─◆─◆─◆─◆─◆─◆─◆─◆─◆

　　保護者が参加する機会が多い行事には，子どもの成長の節目となる入園式・卒園式，イベント的な夕涼み会や親子遠足などがあげられます。また，子どもの成長の確認の場としては，運動会，生活発表会，保育参観などがあります。

　　行事は，日常の保育の延長として，子どもの成長を感じてもらう機会であり，保護者を支援する場面として機能しています。たとえば，保護者と保育者が子どもの成長を確認し，よろこびを共有したり，保護者が子どもの成長をどのように支えればよいかの情報を得たり，保護者同士が同じ立場で支え合う関係づくりを行う機会でもあります。

　　以上のように，情報共有には多様な方法がみられますが，保護者や保育者にとって最適な方法を状況選択し，情報共有を図っていくことが大切です。

## ワーク1 事例から考えてみよう

　子ども理解のために保育者と保護者が共有したい情報やその共有方法について，事例を読んで考えてみましょう。

---

### 事例 12-1　降園時の親子の様子

――・――・――・――・―― ※ ――・――・――・――・――

（3歳児　5月）

　タマキちゃんは4月から入園してきました。ある日の降園時，玄関の床にうつぶせて，大きな声で泣いているタマキちゃんを困った様子で母親が見ていました。母親が怒鳴るとタマキちゃんは，一層大きな声をあげて泣き始めました。母親は一人でタマキちゃんを育てています。

　母親から担任に話かけてくることは，ほとんどありません。迎えのときも，ほかの保護者と会話をすることもなく，早々に園を出て帰っていく姿が見受けられました。

---

（設問1）

保育者として子どもを理解するために保護者から伝えてほしい情報と保護者に伝えたい情報を事例から考えてみましょう。

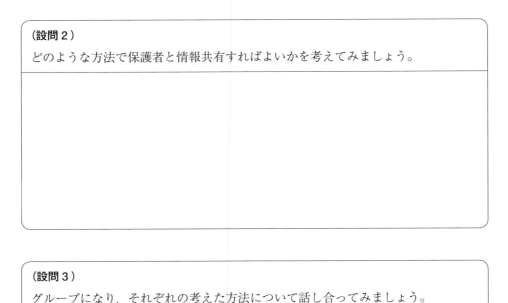

**（設問2）**

どのような方法で保護者と情報共有すればよいかを考えてみましょう。

**（設問3）**

グループになり，それぞれの考えた方法について話し合ってみましょう。

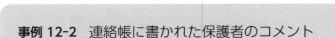

**事例 12-2　連絡帳に書かれた保護者のコメント**

**（1歳8か月　10月）**

　母親は育児休暇を取り終え仕事に復帰するため，双子のシンくん，コウタくんは1歳2か月から園の1歳児クラスに入園しました。父親は単身赴任しているため，自宅に育児をサポートしてくれる人はいません。1歳8か月となったシンくん，コウタくんは，だんだんと自己主張が強くなり，「やだ」「きらぁい」「いく」といった片言を盛んに使い，探求心が旺盛になってきた様子がみられます。

　母親は，はじめての子育てで2人の対応にとまどうことが多く，また仕事に復帰したばかりで，育児と仕事の両立に疲れている様子でした。10月のある金曜日，保育者が登園後に連絡ノートを確認すると「明日の土曜日ですが，2人を保育園で預かってください」と書いてありました。

**（設問 4）**

翌日の土曜日に子どもの保育を引き受けるかどうかの判断のため，どのような情報収集が必要かを考えてみましょう。

**（設問 5）**

金曜日のお迎え場面を想定し，それぞれ保育者役，保護者役になり，ロールプレイを行って気づいた点を書いてみましょう。

**（設問 6）**

グループになり，あなたが気づいた点やどのような配慮が必要かを話しあってみましょう。

**[さらに学びを深めるために]**

- 師岡章『保育者と保護者の"いい関係"―保護者支援と連携・協力のポイント』新読書社, 2010

保護者との連携には，園と保護者の対等な立場での関係性が重要です。本書には，保育現場のエピソードが多数紹介されていますので，実際の現場の様子をもとに学びを深められます。

- 砂上史子編著『保育現場の人間関係対処法』中央法規出版, 2017

保育現場における人間関係をエピソードで紹介し，その対処法について書かれています。保護者との人間関係，保育者同士の人間関係などについてわかりやすく解説されています。保育者として現場に立ってからも役立つ一冊です。

**[引用文献]**

1）厚生労働省「保育所等関連状況とりまとめ（平成31年4月1日）」2019
　　（https://www.mhlw.go.jp/content/11907000/000544879.pdf：情報取得日2020年3月5日）
2）厚生労働省『保育所保育指針解説』フレーベル館, 2018, p.333

**[参考文献]**

- Bronfenbrenner, U., The ecology of Human Development：Experiments by Nature and Design, Harvard UniversityPress, 1979.（磯貝芳郎・福富護訳『人間発達の生態学　―発達心理学への挑戦』川島書店, 1996）
- 厚生労働省『保育所保育指針解説』フレーベル館, 2018
- 最新保育士養成講座総括編纂委員会編『子ども家庭支援』全国社会福祉協議会, 2019
- 最新保育士養成講座総括編纂委員会編『子ども家庭支援論　―家庭支援と子育て支援―』全国社会福祉協議会, 2019
- 相良順子・村田カズ・大熊光穂・小泉左江子『保育の心理学』（第3版）ナカニシヤ出版, 2018
- 清水益治・森俊之編『子どもの理解と援助』中央法規出版, 2019
- 内閣府『少子化社会対策白書（令和元年版）』2019
- 内閣府・文部科学省・厚生労働省『幼保連携型認定こども園教育・保育要領解説』フレーベル館, 2018
- 松本園子・永田陽子・福川須美・森和子『実践　子ども家庭支援論』ななみ書房, 2019
- 文部科学省『幼稚園教育要領解説』フレーベル館, 2018

# 第 13 章

# 発達の課題に応じた援助と関わり

　保育所保育指針（2017〔平成29年〕）では，保育は子どもの状況や発達過程を踏まえて，保育所における環境を通して，養護および教育を一体的に行うところに，その特性があるとされます[1]。また，その方法については，「子どもの発達について理解し，一人一人の発達過程に応じて保育すること。その際，子どもの個人差に十分配慮すること」[2]とあります。この章では，一人ひとりの発達過程とは，どのようなものか，子どもの個人差に配慮するとは，どういうことなのかについて考えていきます。

## 1　発 達 過 程 と 個 人 差

### ［1］「発 達」と い う 変 化 と そ の 過 程

　生まれたばかりの赤ちゃんは，とても小さく無力な存在のように見えますが，3か月もすれば首がすわり，半年もすれば寝返りをし，1年あまりで発話と歩行を開始します。2歳近くになれば，スプーンを使って自分で食べ，積み木で塔をつくり，二語文を話すようになります。やがて，数を操作し，文字を読むようにもなります。このように，時間的経過にそって生じる生理的，身体的，精神的な機能のさまざまな変化を，一般に「発達」とよんでいます。

　乳幼児期の発達では，さまざまな機能の獲得に目がいきがちですが，右肩あがりの増加，拡大，前進といったプラス方向に価値づけられる変化ばかりが発達ではありません。ある機能が，いったん消失したあとに，再び出現することもめずらしくないのです。

　たとえば，リーチングとよばれる視覚刺激へ腕を伸ばす到達運動（visual reaching）は，新生児にすでにみられますが，その後一時消失し，生後3〜4か月に随意的な行動として，再び観察されるようになります。また，言語音の聞き分け能力についても，世界の言語で使われる大多数の音素を弁別する能力を備えて誕生しながら，母語の獲得と交差するように生後12か月ぐらいまでに喪失することが知られています。つまり，

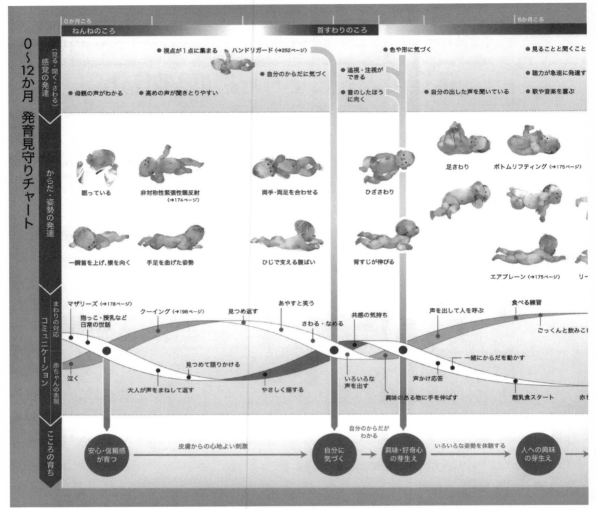

**図1　0〜12か月発育見守りチャート**（注：図のなかの参照ページの記述は本書ではありません）

発達は，獲得と喪失の両過程が同時にあるいは交差するように進行する，非常に複雑で巧妙に仕組まれた変化だといえます。

### ①子どもの発達にはすべてに意味がある

　ある育児書[*1]には，出生後約1年間の発育の様相が図1のように示されています。ここに拾いあげられているのは，発達の限られた側面ですが，発達が連続したプロセスであることがよくわかります。一例をあげれば，歩行の出現を追ってみても，好奇心に引っ張られて，物に手を伸ばし，それに届く姿勢をつくり，その延長線上に腹ば

---

　＊1　育児書『はじめて出会う育児の百科』（小学館，2003）は，教育学者の汐見稔幸氏，小児科医の榊原洋一氏と言語聴覚士の中川信子氏による監修のもとで，子育てを応援する目的で編まれたものです。

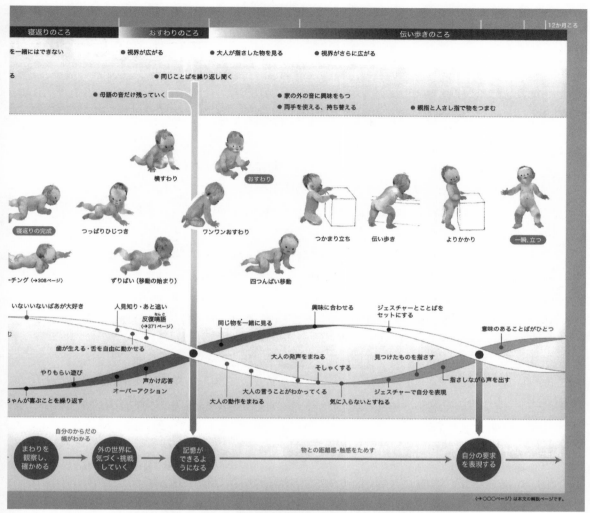

（汐見稔幸・榊原洋一・中川信子監修『はじめて出会う育児の百科』小学館，2003）

いの移動がある．水平の移動が可能になり，両手でからだを支えて座れるようになると垂直方向に視線が拡がり，棚の上やテーブルの上が気になってからだを起こしてつかまり立ちが始まる．ハイハイとつかまり立ちで十分にからだを動かせるようになったとき，ふっと手を離して両足で立ってみると，傍で見守る大人が“あんよ，あんよ”と誘うので一歩進んでみる，といった具合です．

　さらに個々の要素をみていくと，ハイハイやつかまり立ちに準備されていた姿勢の保持や手足の運動機能系が，あとに出てくるより上位の二足歩行の機能のなかに組み込まれながら，入れ子構造のように変化していきます[3]．新しい行動の前には，ブリッジとなる時期が存在し，不安定な状態になると，安定している先の行動に戻りますが，次の段階の行動が徐々に優勢になります[4]．このような移行の過程は，ハイハイから歩行への移行だけでなく，手指の操作性や言語機能の獲得など，さまざまな行動にお

いて観察されます[5]。どの時点でどのようにみるかによってそのみえ方が，まったく異なってくることに注意が必要でしょう。

　また，上述の運動機能の発達は，周囲の人・物への関心や応答など社会的認知やコミュニケーションの領域と，相互に不可分なかたちで連関しあって展開していくことも重要なポイントです。ずりばい，おすわり，ハイハイ，つかまり立ち，伝い歩き，歩行と，活動範囲が拡大していく過程で，養育者との関係性も少しずつ変化していきます。

　生後6～7か月ごろ，養育者は赤ちゃんのすぐ傍でおもちゃを使ってリーチングやずりばいを誘ったり，おすわりのバランスが崩れたときに備えて手の届く位置から見守ったりと，物理的にも近距離で直接的な関わりが中心なのに対し，1歳数か月ごろに，歩行での移動が優勢になるときには，言語的なコミュニケーションも有効になり，より遠距離からの間接的な関わりに移行していきます。赤ちゃんにはより広い範囲での活動が許されるようになり，戸棚などの探索やスロープ・階段への挑戦にみられるように能動的に環境へ直接働きかけていく一方で，自分では手の届かない物や自分で開けることのできない物があれば，指差しやことばを駆使して間接的に働きかける手段も身につけていきます。

　つまり，運動機能はそれ自体個別に確立していくのではなく，知覚や認識，言語コミュニケーション，他者との関係性と相互に作用しあい，それぞれ量的・質的な変化とともに，それらの機能が組み合わされながら変化していきます。その過程は，じつに緻密でむだがありません。毎日の生活や遊びのなかで，少しずつ次のステップへの準備が積み重ねられています。そのすべてに意味があるのです。

## ②発達の「早い」「遅い」

　図1はあくまでも，乳幼児期にみられる「平均」的な変化ということになりますが，「平均」というのは，あるときに調査対象となった子どもたちのデータを足して頭数で割っただけのものです。それが人間の「標準」の姿というわけでも，全世界共通というわけでもありません。同じ時期に生まれたほかの子どもと比べて，早い・遅いと個人差がうんぬんされますが，違いがあるからこそ人間です。

　当たり前のことですが，子どもの発育は，その月齢になったその日，誕生日を迎えたその日を境に分けられるようなものではありません。加えて，その子どもが満期産児ではなく，予定日より早く生まれた早期産児であったなら，成熟の度合いにも差があるでしょう。つまり，誕生する前の胎児期から，もっといえば，お母さんやお父さんの育ちの，その前からずっとつながっている，大きな生命活動の積み重ねのなかでその子がもって生まれた個性と，今のその子を取り巻く環境の誘いや支えによって，千差万別，一人ひとりの歩みがあります。

　図2は母子健康手帳に記載されている発育曲線です。これをみても，標準とされる

身長と体重の上限と下限には大きな差があり，月齢が進むにつれてその差は大きくなっています。図2には，おおよその運動発達の目安も示されていますが，約半数の子どもにみられるようになってから，約9割の子どもができるようになるまで，かなりの幅があります。首すわりの場合，早い子と遅い子との差は2〜3か月程度ですが，歩き出す時期は，早い子どもだと8か月ごろ，マイペースな子なら1歳半ごろですから，10か月近くもの差になります。

　実際には，とくに発育の問題を抱えているわけではない場合でも，この範囲に入らない子どももめずらしくありません。大人（とくに親）は，無意識のうちに，ほかの子どもと比較して，「○○ちゃんはもう△△しているのに，この子はどうしてまだできないのかしら」と評価的にみてしまいがちです。その子なりの一歩一歩を子ども自らが確かめながら進んでいけるよう，大人は無理に引っ張ったり押したりするのではなく，何かあれば「だいじょうぶだよ」と手を差し伸べられる距離感で見守る関わりが肝心になります。

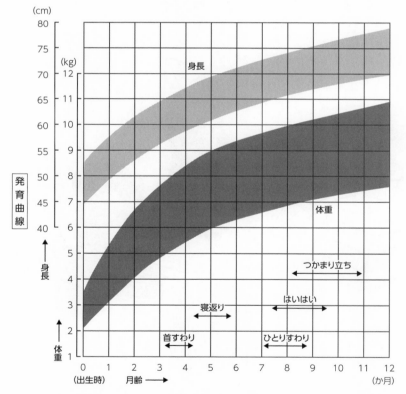

首すわり，寝返り，ひとりすわり，はいはい，つかまり立ち及びひとり歩きの矢印は，約半数の子どもができるようになる月・年齢から，約9割の子どもができるようになる月・年齢までの目安を表したものです。
お子さんができるようになったときを矢印で記入しましょう。

**図2　男の子　乳児身体発育曲線（平成22年調査）**

（厚生労働省「母子健康手帳について」省令様式　https://www.mhlw.go.jp/content/000622161.pdf）

### ③集団のなかでの個人差

　一般に保育所や幼稚園，認定こども園などでは，3歳児以上の在籍クラスについて，誕生日にもとづいて4月2日〜翌年4月1日ごとに区切ることが多いようです。4月生まれと3月生まれでは1年もの差があり，さらに個人の遺伝的背景や生育環境は，一人ひとり異なるので，集団内の「個人差（individual difference）」は，必ず存在します。しばしば「年少児は○○，年中児は□□」といった学年差や「男の子は△△，女の子は◇◇」といった性差が論じられますが，実際の保育に携わると，同じ集団に属していても，子どもにはさまざまな個人差，個性*2があり，同じような働きかけをしても，同じような反応が得られることはあまりないでしょう。

　園生活では，「○歳児」「△△組さん」とひとくくりに扱われることが多く，同じような経験をしていると考えられがちですが，一人ひとりの子どものとらえ方や感じ方の違いは，大人が想像する以上に大きいかもしれません。保育実践においては，そのような個人差，個性が子どもにとって心地よいやり方で表現され，その社会で価値ある方向で発揮できるように援助していくことが求められます。そのためには何より子どもの個人差，個性を，注意深くとらえていく観察力が不可欠でしょう。

---

＊2　集団のなかの個人差ではなく，一人ひとりの固有の特徴について記述する場合は「個性（individuality）」という用語がしばしば用いられます。個性は，人間の固有性と独自性を強調する概念であり，個性の伸長は学校教育のもっとも重要な課題でもあります[6]。

## ワーク1　子どもの姿から考えてみよう

　保育所や幼稚園などで，乳幼児と関わった経験を振り返り，印象に残った個人差や個性について記述してみましょう。そして，それらはどのような基礎や条件から生じているのか考えてみましょう。さらに，そのような個人差や個性は「今の」その子どもにとってどのような意味をもつのか，また今後，その子どもの「強み」になっていくには，どのようなすじみちがあり得るのか，グループで話し合ってみましょう。

---

**（設問１）**

あなたの印象に残った子どもの個人差，個性を書いてみましょう。また，どのような基礎や条件から生じているのか考えてみましょう。

---

**（設問２）**

子どもの個人差，個性が「子どもの強み」になるすじみちをグループで話し合ってみましょう。

---

## 2　発達の最近接領域 (Zone of proximal Development：ZPD)

　本章の１節でみてきたように，乳幼児期の発達は，個体がもっている種々の機能を使ってチャレンジしていく継続的な営みと，それを支え促す周囲の環境や大人の関わりとが，歯車のように噛み合って，次の変化につながっていきます。双方の歯車が

うまく回っていくためには，子どもの「今」だけでなく，子どもの内部で進行する準備状態や，これから生じようとしている変化にも思いを巡らせながら関わっていくことが鍵になりそうです。

　これについて，ロシアの心理学者ヴィゴツキーの「発達の最近接領域」という概念が参考になります[7]。「発達の最近接領域」とは，子どもの内側に存在する「次に続く発達の領域」という意味です。彼は発達の最近接領域について，次のような比喩で説明しています。

　　　園丁（庭師）が果樹園の状態を明らかにしようとするときに，成熟した，実を結んでいるりんごの木だけでそれを評価しようと考えるのは間違っているのと同じように，子どもの発達状態を評価するときには，成熟した機能（何がどのようにできるようになったのか）だけでなく，成熟しつつある機能を考慮しなければならない[8]。

　この子ども自身の「成熟しつつある」領域を発達の最近接領域とよび，学校教育が効果を発揮するのは，まさにこの領域なのだと述べています。課題があまりにやさしい，あるいはあまりに難しい場合の教育は，発達の最近接領域の外に向けて行われているために，発達を前進させるものにはならないというのです。そして，その領域は，子どもがある課題を独力で解決できる知能の発達水準と，大人の指導のもとや自分より能力のある仲間との協同でならば解決できる知能の発達水準との間にあるとしています。

　ヴィゴツキー自身は，就学後の知的発達，すなわち科学的理解と教授との関係に関する説明において，この発達の最近接領域に言及したのですが，のちにこの理論は学齢期の教育にとどまらず，子どもの発達と大人の関わりを論じる際に広く援用されるようになっています。

　それでは，保育の実際において，保育者は子どもの発達の最近接領域とどのように向き合っているのでしょうか。事例をもとに考えてみましょう。


## ［1］遊びのなかで立ち現れる「発達しつつある領域」　●-●-◆-●-◆-●-●◆

　次の事例は，中沢和子という研究者が，保育現場のごくふつうの日常の観察をもとに，子どものイメージの育ちについて論じた著書のなかに取りあげられていたものです。3歳児初期のお店ごっこの事例です。このころの子どもは，友達の行動をようやくみられるようになった段階なので，だれかがお店を始めると，買い手になるよりも，自分もお店を始めようとすることがさきになり，同じようなお店をつくることが多くなります[9]。

**事例 13-1　お店ごっこの展開**

———◦———◦———◦———◦———※———◦———◦———◦———◦———

（3歳児の事例）

　一つお店ができると，ほかの子どももお店を始めようとする。初めはお店ばかりで買い手ができない。…（中略）…また一人の子どもが粘土玉をパンに見立てて並べても，見立てを共有しなければほかの子どもにとってそれは粘土玉にすぎないし，自分一人で買いものをする経験が少なければ行動を起こすほど明確なイメージを引き出せないからである。

　そこで保育者が買い手になってお店に行く。

　「くださいな。丸いパンを一つください。はいありがとう。おいくらですか」

　子どもは値段を聞かれてびっくりし，商品には値段があったことに思いつく。

　「百円です」「はい百円」

　値段を聞かれてびっくりする子どもならば，手でお金を渡すまねをするだけで十分に満足する。紙切れに100と書いたお金を渡したりすると，子どものイメージは乱されすぎる場合もある。こうして子どもは，お店のイメージに売り買いのことば・値段・お金が欠落していたことに気づき始め，母親の買いものについていったときに，あらためてこまごまと見回すようになる。興味をもった子どもは毎日なにかしらお店らしいものを開き，つけ加わったイメージをさらに表出する。保育者たちの記録によれば，三歳児の秋には品物に自分で定価をつけ始め，やがて買うためのお金をつくる。

（中沢和子『イメージの誕生　—0歳からの行動観察』（NHKブックス353）NHK出版，1979，p.142）

　この事例では，保育者が客になって，お店ごっこの筋書きの展開を援助しています。値段をたずねたときの子どもの反応から，瞬時に支払いのイメージを共有できる範囲を判断しています。保育者は，子どもが大人社会の生活・行動様式を観察して，どのようにイメージを蓄えているかを探りながら，子どもが自分の行動として表出できるぎりぎりのことを求めて働きかけます。ごっこ遊びを舞台に子どもが経験していることを，中沢は次のように説明しています。

　　ここに見られるのは現実とイメージと表出の三つの世界のあいだに起こるピンポンゲームである。子どもはごっこの世界でイメージを表出することによってイメージを確認し，欠落部分に気づけば，現実社会の観察を深めてイメージを正確にし，これをまた表出する。現実社会は一度ではとうてい理解しきれないほど複雑だから，一つ理解すればまだわからない近接領域が子どもの前に示される。こうしてピンポンゲームは長期間続くのである。ふつうおとなは表出過程だけを子どものごっこ遊びとみるが，子どもにとって重要なのはピンポンゲーム全体であ

る。ピンポンゲームは子どもの内部と外界を往復し，子どもはそれによって内部を充実させ，また放出させる[10]。

　ごっこは社会生活の引き写しとよくいわれますが，子どもは体験したすべてを再現するわけではありません。その役になりきるには，その行動様式や役割に対して，さまざまな知識的理解が先行していなければなりませんし，何よりその模倣の対象となる現象に，子どもの好奇心が強く発動しているはずです。

　もし子どもがだれかがやっていることを見て，時間をおいて別の場所で同じことをするとすれば，それは模倣によってしたことであり，その瞬間にそのだれかがその子どもの傍らにいなくても，その子どもは共同で行動しているといえます。そのような他者との共同によって「次に続く発達」が導かれています。

　また，何人かの仲間で見立ての共有をきっかけに，ごっこが展開し，イメージの交流が起こると，それぞれの子どもは自分が獲得していたイメージと他者のイメージとを照合し，補正し合ったり，イメージの欠落に気づいて未知の世界を感じたりします。まさに，自発的なごっこの世界では，中沢が指摘しているように，事実・イメージ・表出の三点間ピンポンゲームが，発達の最近接領域において展開しているようです。保育者は，表出されたことだけでなく，体験を起点に子どもが何をどのようにイメージしているのか，それが周囲の大人や仲間との共同や協働に，どのように開かれているのかをおしはかりながら関わっていくことが大切になります。

　ここでは，保育現場の子どもたちの多様な活動から，ごっこ遊びに着目しましたが，造形遊びや運動遊び，保育実践のすべては，個々の子どもの発達の最近接領域への働きかけを意図するものといえるでしょう。ただ，その実現は，次節で紹介するように，ときに経験を積んだ保育者であっても容易なことではないようです。

# **3** 発達課題に応じた援助と関わり

次の事例は，ある幼稚園に転勤してきた中堅の保育者が，自分で行動を起こせない年長児たちを担任して，子どもと一緒に試行錯誤を重ねた記録からの抜粋です。

**事例 13-2　遊びの主体はきみたち……じゃないの？**

―――◦―――◦―――◦―――◦―――◦―――※―――◦―――◦―――◦―――◦―――◦―――

（5歳児，D幼稚園）

　この園では朝，子どもが登園してくると全員で朝礼，体操をする。そのあとクラスに分かれて保育者が「さあ，きょうはみんなでこれこれをしましょう」という形で課題を示し，全員同じことをする。自由遊びの時間は課題の前後に二十分ずつ，昼食時に約一時間とっている。この保育者は全体として小学校の授業と休み時間のようだ，と思ったという。

　この園がある地域は大きな団地で，核家族が多い。子どもたちはおとなしいというよりむしろ動きがにぶかった。自由時間になっても勢いよく園庭に走りだすようなことはなく，なにかするときは「先生，お絵かきしていい？」「お砂場にいっていい？」と一つ一つ聞く。五歳児の遊びはこんなものではない，と考えた保育者は，苦心して子どもが自由に使ってもよい材料を集めて室内に置き，自分のクラスだけ自由行動の時間の枠を広げることに踏み切った。

　しかし結果は惨憺たるもので，子どもは長い時間をもて余し，一カ月たっても動きは依然として鈍かった。

　そこでこの保育者はまず数人の子どもに大縄とびを教え，自分が縄をもって回した。数日たって，回りに立って見ているだけだった子どもたちが，「入れて」といって加わり始めた。夏休み直前になってやっと，朝早くやってきた子どもたちが自分で縄をもって，「先生，縄とびやろうよ」と呼びにきた。「していい？」から「入れて」へ，そして「やろうよ」へ進むのに，この子どもたちは三カ月近い日数をかけなければならなかったのである。

　十月始めに，二人の男児が大積木で簡単な乗用車をつくってドライブごっこをした。三歳児期前半の段階である。二日後に三人の子どもがバスごっこを始め，たちまち七，八人が集まってお客になった。バスごっこは熱心に繰り返され，時には二台三台に増えた。繰り返しのなかで子どもたちはしだいに役割分担を起こし，切符も使い始める。そして子どもたちが切符らしい切符をつくりだすまでにほぼ三週間かかった。

　冬休みを超すと子どもたちの行動は爆発的に活発となった。対等の会話がさかんになり，リーダー交代は流動的に引き起こされた……（後略）。

（中沢和子『イメージの誕生 ―0歳からの行動観察』（NHKブックス353）NHK出版，1979，pp.182-183，傍点は筆者）

この事例の保育者が「五歳児の遊びはこんなものではない」と考えたように，ある社会の，ある文化においては，それぞれの時期に応じた発達期待が存在します。この発達期待に人間は強く影響され，自らを取り巻く環境に適応するために，自分を変化させたり，環境を変化させたりする働きかけを行います。それは，児童期，青年期，それ以降も続きます。そして，各発達段階で獲得することが求められる行動を示したものは発達課題とよばれます。

　古くは，ハヴィガースト（Havighrst, R. J.）[11]やエリクソン[12]の発達課題が有名ですが，現行の保育所保育指針，幼稚園教育要領，幼保連携型認定こども園教育・保育要領に示されている「幼児期の終わりまでに育ってほしい姿（10の姿）」も，5歳後半ごろまでに身につけることが期待されている発達課題といってよいと思います。

　発達課題は，大人からすれば，しつけや教育という活動によって，段階的に社会的に適応できるもののなかに組み込んでゆくものであり，子どもからすれば変化への圧力を受けて，ときにストレスを生じるものかもしれません。ただそのストレスが発達変化をつくりだすともいえます。

　しかしながら，事例13-2では，保育者が5歳児クラスの子どもたちに，自発性や主体性を求めて，それまでの制限をなくして自由に使える物や時間を与えても，それだけでは子どもたちの行動に大きな変化は起こっていません。

　自発行動が生じやすいだろうと保育者が考えて用意した環境も，大人から与えられるルールや指示にしたがうことに慣れきった子どもたちの側に，それらを受け入れる準備がなければ，「次に続く発達」につながらなかったのです。つまり，この実践の本質は，自分で選択できる，アイデアを表現できる，必要なら大人に要求できるように，道具や教材を用意して自発行動を誘いながら，何がどのように子どもの育ちつつある領域に届いて，子どもが自分で経験を拡げていくきっかけになるのかを，子どもと一緒に模索するところにあったように思われます。

　なお，この事例の保育者は，担任した1年間の子どもたちの生活の様子を，克明に記録しており，子どもが自発行動を起こすことができないのは，単に園や保育者のやり方だけに原因を求めてすむものではなく，団地全体の立地条件や建物の構造も関係していたと分析しています。とくに動きがにぶかった何人かの子どもたちは，物音がよく下の階にひびく，いわば欠陥のある数棟に住む子どもたちで，家のなかでの行動に大きな制約があったそうです。大縄とびはリズミカルな活動で，保育者は集団行動を誘おうと思いついたのがきっかけでしたが，それは何よりも子どもたちに欠けている身体活動を満たし，「やろうよ」を引き起こしたと考察されています。

　このようにみてくると，発達課題に応じた援助や関わりというのは，その年齢や集団の「平均」に追いつかせるために叱咤激励するようなことではないし，ましてや「子どもの個性を尊重する」という美しい言葉の響きのもとで，"ただ好きにさせておく"というようなことでもないことは明白です。

子どもが表出した行動は，どのような体験がもとになっているのか，保育者の用意した環境のなかで何を考え，何を感じとっているのかを見極めながら，子どもが自ら自分に足りないものに気づいて，次の段階に進めるような「きっかけ」を，子どもと一緒に探していくことではないでしょうか。注意すべきことは，大人からみていかに魅力的な現象や環境であっても，子どもの側にそれに対する準備ができていなければ，子どもの好奇心に訴えるものにはならないということです。保育者には，まだ表出に至っていないけれど，子ども自身のなかで発達しつつある領域に届く援助の工夫を，粘り強く重ねていくことが求められます。

## ワーク2　子どもの姿から考えてみよう

　保育現場での観察や保育実践の映像資料などをもとに，保育者が子どもの発達の最近接領域（もしくは発達の最近接領域の外側）に向けて働きかけていると思われるエピソードをあげてみましょう。また，そのような働きかけが子どもの心理発達に与える影響について考えてみましょう。

---

**（設問 1 ）**
保育者が子どもの発達の最近接領域（もしくは発達の最近接領域の外側）に働きかけているエピソードをあげてみましょう。

---

**（設問 2 ）**
保育者の働きかけが，子どもの心理発達に与える影響について考えてみましょう。

---

[さらに学びを深めるために]

・やまだようこ『ことばの前のことば —うたうコミュニケーション』新曜社，2010

　著者自身の長男の徹底した行動観察をもとに，ことばの発生を支えるコミュニケーションと認識機能の発達の道程が，人と人との「響き合う」関係性のなかに描き出されています。本書のテーマが「ことばはどのようにして獲得されるか」ではなく，「ことばが生まれるすじみち」とされている理由がよくわかります。

・中沢和子『イメージの誕生 —0歳からの行動観察』（NHKブックス353）NHK出版，1979

　子どものごく日常的な行動の観察や養育者および保育者の記録から，子どもの内部にさまざまなイメージがいつ，どのような形で蓄えられ，操作されるようになるのかについてまとめられています。「子どもの内面」には，感覚，思考や言語に支えられた豊かなイメージの世界があることを改めて思い至らせてくれます。

[引用文献]

1）厚生労働省『保育所保育指針』フレーベル館，2017，p.4（第1章1(1)イ）

2）厚生労働省，同上書，p.5（第1章1(3)ウ）

3）河合優年「第3章　乳児期」無藤隆・子安増生編『発達心理学I』東京大学出版会，2011，p.150

4）河合優年，同上書，p.151

5）河合優年，同上書，pp.150-151

6）子安増生「第1章　発達心理学とは」無藤隆・子安増生編『発達心理学I』東京大学出版会，2011，p.19

7）レフ・ヴィゴツキー，柴田義松訳『新訳版・思考と言語』新読書社，2001，pp.297-307

8）レフ・ヴィゴツキー，同上書，p.298

9）中沢和子『イメージの誕生 —0歳からの行動観察』（NHKブックス353）NHK出版，1979，p.142

10）中沢和子，同上書，pp.144-145

11）東洋・繁多進・田島信元編『発達心理学ハンドブック』福村出版，1992，pp.410-412

12）東洋・繁多進・田島信元編，同上書，p.412-413

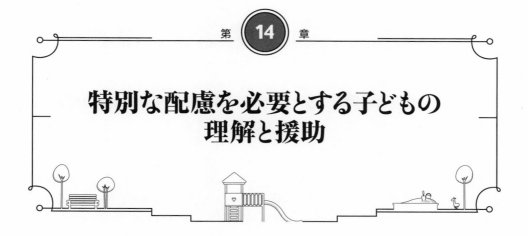

第 **14** 章

# 特別な配慮を必要とする子どもの理解と援助

## **1** 特別な配慮を必要とする子どもについての理解

　保育の現場においては，，障害のある子ども，外国籍の子ども，非虐待児など，特別な配慮を必要とする子どもが在籍することがあります。2017（平成29）年に改訂（定）された保育所保育指針，幼稚園教育要領，幼保連携型認定こども園教育・保育要領に記載されているこうした子どもに関係する内容を表14-1，表14-2に示します。なお，幼保連携型認定こども園教育・保育要領には，第1章第2に「3　特別な配慮を必要とする園児への指導」という項目がありますが，幼稚園教育要領に準じるため，ここでは省略しています。

表14-1　保育所保育指針にみる特別な配慮を要する子どもとその対応

| 保育所保育指針 | ※特別な配慮を必要とする子どもへの対応 | 第1章3の「（2）指導計画の作成」 |
|---|---|---|
| | | キ　障害のある子どもの保育については，一人一人の子どもの発達過程や障害の状態を把握し，適切な環境の下で，障害ある子どもが他の子どもとの生活を通して共に成長できるよう，指導計画の中に位置付けること。また，子どもの状況に応じた保育を実施する観点から，家庭や関係機関と連携した支援のための計画を個別に作成するなど適切な対応を図ること。 |
| | ※特別な配慮を必要とする子どもの保護者への対応 | 第4章2の「（2）保護者の状況に配慮した個別の支援」 |
| | | イ　子どもに障害や発達上の課題が見られる場合には，市町村や関係機関と連携及び協力を図りつつ，保護者に対する個別の支援を行うよう努めること。 |
| | ※外国籍等の家庭への対応 | ウ　外国籍家庭など，特別な配慮を必要とする家庭の場合には，状況等に応じて個別の支援を行うよう努めること。 |

（厚生労働省『保育所保育指針』フレーベル館，2017より作成。※は解説の便宜上，著者がつけたもの）

**表14-2　幼稚園教育要領にみる特別な配慮を要する子どもとその対応**

| 幼稚園教育要領 | ※特別な配慮を必要とする子どもへの対応 | 第1章の「第5　特別な配慮を必要とする幼児への指導」<br><br>1　障害のある幼児などへの指導<br>　障害のある幼児などへの指導に当たっては，集団の中で生活することを通して全体的な発達を促していくことに配慮し，特別支援学校などの助言又は援助を活用しつつ，個々の幼児の障害の状態などに応じた指導内容や指導方法の工夫を組織的かつ計画的に行うものとする。また，家庭，地域及び医療や福祉，保健等の業務を行う機関との連携を図り，長期的な視点で幼児への教育的支援を行うために，個別の教育支援計画を作成し活用することに努めるとともに，個々の幼児の実態を的確に把握し，個別の指導計画を作成し活用することに努めるものとする。 |
|---|---|---|
| | ※外国籍等の家庭への対応 | 2　海外から帰国した幼児や生活に必要な日本語の習得に困難のある幼児の幼稚園生活への適応<br>　海外から帰国した幼児や生活に必要な日本語の習得に困難のある幼児については，安心して自己を発揮できるよう配慮するなど個々の幼児の実態に応じ，指導内容や指導方法の工夫を組織的かつ計画的に行うものとする。 |

（文部科学省『幼稚園教育要領』フレーベル館，2017より作成。※は解説の便宜上，著者がつけたもの）

## ［1］特別な配慮を必要とする子どもへの対応
### —個別の指導計画の作成— ●◆·◀·◆·▶·◆·▶·◆·▶·◆·▶·◆·▶·◆·▶·◆·▶·◆·▶·◆·

　幼稚園・保育所・幼保連携型認定こども園（以下，幼稚園・保育所など）は，日々の生活や遊びを通してともに育ちあう場です。そのためには，すべての子どもが安心して生活できる保育環境を設定し，障害やさまざまな発達上の課題など，状況に応じて適切な配慮をすることが必要です。このような環境のもとで，子どもたちがともに過ごす経験は，将来障害に対する正しい理解と認識を深め，社会性や豊かな人間性を身につけるうえでも大切なことであり，すべての子どもにとって意義があります。また，これらのことを踏まえて，保育者は障害など特別な配慮を必要とする子どもの保育を指導計画のなかに位置づけることが必要です。

　一人ひとりの障害や発達上の課題はさまざまであり，その状態も多様であることから，保育者は子どもが発達してきた過程や心身の状態を把握しながら，幼稚園・保育所などの生活のなかで成長する育ちや困難の状態を理解し，子どもとの関わりにおいては，個々に応じた関わりと集団のなかの一員としての関わりの双方を大事にし，職員間で連携をとりながら，組織的かつ計画的に保育を展開するよう留意することが大切です。また，子どもへの対応を進めるにあたっては，個別の指導計画や個別の教育支援計画を作成し活用していくことが大切です。

特別な配慮を必要とする子どもの個別の指導計画を作成する際には，日常の様子を踏まえて，その子どもにとって課題となっていることや，それが生じやすい場面や状況を日々記録しておき，その理由などを適切に分析します。そのうえで，場面に適した行動などの具体的な目標を，その子どもの特性や能力に応じて設定し，そのための援助の内容を計画に盛り込みます。障害や発達上の課題のある子どもが，ほかの子どもとともに成功体験を重ねるごとに，子ども同士が落ち着いた雰囲気のなかで育ち合えるよう工夫することが必要です。

　個別の教育支援計画とは，他機関との連携を図ることを目的としたものです。障害のある子ども一人ひとりについて，乳幼児期から学校卒業後までの一貫した計画を学校が中心となり，関係機関や保護者が一体となって作成します。

## 子ども理解に役立つ応用行動分析

　近年，幼稚園・保育所などの現場において，障害のある子どもや診断を受けていないが気になる子どもへの支援の必要性が認識されるようになりました。このような子どもたちへの指導法の一つとして「応用行動分析」の活用が役立つことがあります。

　応用行動分析（ABA）とは，行動の前後を分析することでその行動の目的を明らかにし，前後の環境を操作して問題行動を解消する分析方法とされています。

　「朝の会」で保育者の話が始まると絵本のコーナーにいってしまい，保育者が声をかけても戻ってこない2歳児のダイチくんについて考えてみましょう。

　ダイチくんは，体操が大好きで，DVDで体操の曲をかけるとよろこびますが，じっとしていることが苦手で，ことばを理解する力に弱さが見られます。

　そこで保育者は，ダイチくんが何に熱中して遊んでいるのか，いきいきとしている場面とそうでない場面，何ができて何ができないのかを，ダイチくんの行動を通して観察してみました。ダイチくんのお気に入りの絵本は『パン　ずかん』であること，パクパクと食べるしぐさをしながら一日に何度も見ています。また，好きな体操の曲とそうでない曲があり，好きな曲でしか参加しません。さらに手先が不器用で，型はめはすぐにあきらめてしまうことがわかりました。

　これらのことから朝の会の流れを変えてみることにしました。ダイチくんの好きな体操の曲で身体を動かしたあとに，毎日いろいろなパンの絵本を準備し，読み聞かせを行ってみると，みんなと一緒に「朝の会」に参加できるようになりました。

　このように子どもの行動には意味があります。まわりにとっては困った行動に見えても，子どもはなんとか折り合いをつけようとしているのかもしれません。そうしたことを踏まえ，子どもの行動からその子の内面を見直すことが必要です。

## ［2］特別な配慮を必要とする保護者への対応
### ─保護者との信頼関係を築く─ ●━●━●━●━●━●━●━●━●━●━●━

　乳幼児期の経験は子どもの人間形成に大きな影響をおよぼします。幼稚園・保育所などはこの時期の生活の一部を担っていますが，子どもにもっとも大きな影響を与えるのは生活の基盤である家庭，つまり「保護者」といえます。子どもへの対応を考えるうえでは，保護者への支援も欠かせません。

　とくに診断を受けていない気になる子をもつ保護者は，「ほかの子どもとちょっと違う」「育ちがゆっくり」などと不安になりつつも，子どもに対する期待をもち続け，「小さく生まれたから」「小さなうちは個人差が大きいと聞いている」と考え，自分の不安を封じ込めながら，複雑な思いをめぐらせています。

　子どもとの接し方や子育てに自信がもてず，周囲の目を気にしたり，家族を含むまわりの理解を得られないで苦しんでいたりすることもあります。また，発達障害の診断を受けたとき，ほとんどの保護者はすんなりと受け入れられません。一般的には，次のような段階を踏んで受け止めていきます。佐々木正美によると，①精神的打撃と麻痺，②否認，③パニック，④怒りと不当感，⑤敵意と恨み，⑥罪意識，⑦孤独感と抑うつ感情，⑧精神的混乱と無欲・無関心，⑨あきらめから受容，⑩新しい希望，そしてユーモアと笑いの再発見，⑪新しいアイデンティティの誕生と考えられています[1]。この11の段階のすべてで，保育者は保護者を支援していくことが必要です。

　保護者と信頼関係を築くには，まずは保護者の気持ちを受け止め，その声に耳を傾け，十分に話を聞くことから始まります。保護者は保育者との安心感のある関係性のなかで心が落ちつき，失った自信や問題解決していく力を取り戻したりすることができます。保護者に寄り添おうとする姿勢を続けていくことで，さらに信頼関係が深まっていきます。


## ［3］外国籍等の家庭への対応 ●━●━●━●━●━●━●━●━●━●━●━

　外国籍家庭や外国ルーツをもつ家庭，ひとり親家庭，貧困家庭，ステップファミリーなど，特別な配慮を必要とする家庭には，各家庭の状況をていねいに把握しつつ，必要な支援を行うことが求められます。

　外国籍家庭においては，両親のどちらかが日本語で会話できるとコミュニケーションはとりやすくなります。そうでない場合，日本語でのコミュニケーションや読み書きに困難が生じやすく，文化や風習の違いから，日本ではごく当たり前に行われていることも問題になることもあります。そのため，保育においては，各家庭の実情や，保護者の意向を踏まえることが大切です。また，日々の伝達においては，写真，ビデオなどを用いて視覚的に子どもの姿を伝えたり，実物を示したり，大事なことは通訳

を通して確認したりするなど，それぞれの保護者が理解できるような工夫をすること
が求められます。

## 2　気になる子どもについての理解

### ［1］気になる子とは

　2012（平成24）年に行われた文部科学省の全国公立小・中学校の通常学級に在籍す
る児童・生徒を対象とした調査で，「知的発達に遅れはないものの学習面または行動
面で著しい困難」を示す児童・生徒が6.5％いることが報告されました[2]。

　保育の現場においても，「気になる子」ということばをよく耳にするようになりまし
た。池田ら[3]は，保育所における気になる子どもの特徴と保育上の問題に関する研究
を保育者への質問調査方法で行いました。その結果，気になる子どもの特徴は，こと
ば・コミュニ—ケーションに関する問題が多く，行動面に関するものとしては，社会
性・対人関係に関するもので，軽度発達障害の特徴をもつ「気になる子」が増えてい
ると感じる保育者が数多く存在していることを明らかにしています。

　「気になる子」とは，保護者が気がかりな子ども[4]や発達の遅れが気になる生活上
の問題が多い，障害特性に似た傾向がみられる子ども[5]と考えられています。平澤[6]
は，保育現場において，診断を受けている子どもより，診断を受けていない子どもの
ほうが対応は難しいと報告しています。

　では，その子はどうして「気になる」行動をしているのでしょうか。たとえば「友
達を蹴る」という行動は，もしかすると「おもちゃを貸して」といえずに，足が出て
しまったことが原因かもしれません。あるいは，周囲が騒がしくて大きな音に我慢が

できずに暴れてしまったのかもしれません。しかし，一番困っているのは，「気になる子」自身であり，「困り感」[7] を抱えながら生活しているのかもしれません。このように，「気になる子」の行動の背景には，その子の感じる「困った」ことがらや「衝動」があることが多いのです。

　そんな「困った」や「衝動」をかかえながら毎日を過ごしている「気になる子」の気持ちや特性に保育者がいち早く気づき，その子にあった支援を行っていくことが必要です。

## ［2］気になる子の背景と発達障害に関する基礎知識

　気になる子の言動の背景には，子ども自身の発達や家庭環境の問題があります。その問題を探り，知ることが，支援への手がかりとなっていきます。

　大事なことは，その子がどんなことができて，何が苦手なのか，どんな魅力があるのかといった「その子ども」に目を向けることです。そして，子ども一人ひとりに合った支援があれば，だれもが自分らしく，生きていけるのです。

　気になる子のなかには，発達障害を背景にもつ子どもがいます。発達障害は，日本では2005（平成17）年に施行された「発達障害者支援法」で支援が必要な障害として，はじめて規定されました。原因としては，生まれつき脳の一部がうまく機能していないことなどが考えられています。脳のどの部分がどのような原因で働いていないのかは，まだはっきりと解明されていません。

　発達障害者支援法において「発達障害」とは，「自閉症，アスペルガー症候群その他の広汎性発達障害，学習障害，注意欠陥多動性障害，その他これに類する脳機能障害であってその症状が通常低年齢において発現するもの」[*1]（第2条）と定義されています。

　これらのタイプのうちどれにあたるのか，障害の種類を明確に分けて診断することは大変難しいとされています。障害ごとの特徴が，それぞれ少しずつ重なり合っている場合も多いからです。また，年齢や環境により目立つ症状がちがってくるので，診断された時期により，診断名が異なることもあります。

　しかし，解決策がまったくないわけではありません。その子どもに合った支援があれば，自立した社会生活を送り，その子どもが自分の能力を発揮できるようになります。発達障害は生まれつきの脳の発達が関係しているため，家庭でのしつけや育て方が原因で起こるものではありません。支援が必要なおもな発達障害を表14-3に示します。

---

＊1　この法律の定義にみられる症例名は，世界保健機関（WHO）による国際疾病分類（ICD-10）によるものです。精神科の医師をはじめ，広く使用されている『DSM-5 精神疾患の分類と診断の手引』の症例名とは異なります。そのため表14-3の症例名と違います。ICD-10は改訂され，すでにICD-11が公開されています。現在，国内に適用する作業が進んでいるため，将来的に法律の定義が変わる可能性があります。

**表14-3　おもな発達障害**

| | |
|---|---|
| 自閉スペクトラム症 | 人とのコミュニケーションがうまくとれない「社会性の障害」と無目的に見える行動を繰り返す「常同性の障害」を特徴とするため，人間関係に困難をかかえています。 |
| ADHD（注意欠如・多動症） | 年齢に不釣り合いな著しい「多動性」「注意散漫」「衝動性」を特徴とします。一般的ピークは学童期で，その後は落ち着いてきます。ただ，幼いころから周囲の大人から叱られることが多いため，孤立感，抑うつ状態，劣等感をかかえやすく，不登校や反社会的行動につながる可能性もあります。 |
| 学習障害（限局性学習症，LD） | 知的能力に遅れてはいないのに，「聞く」「話す」「読む」「書く」「計算する」「推論する」などの能力のいずれかで著しい困難をかかえる状態をいいます。一般的に明らかになるのは就学後なので，幼児期の段階では診断は難しいとされています。 |

## ［3］家庭環境の問題

　家庭環境になんらかの問題があるために，気になる子となる場合もあります。この問題の原因は，大きく二つに大別されます。

　一つは，保護者自身の要因（軽度の知的障害や精神疾患，夜型生活などの基本的生活習慣の乱れなど），もう一つは，子どもとの関わり方の要因（子どもへの虐待，ネグレクト，過干渉など）です。虐待や過干渉につながるケースとしては，子ども自身に生まれつき障害があり，うまく子育てできないことを周囲から理解されないことによって，保護者の育児ストレスが高まる場合などが考えられます。

　愛着のある人間関係の有無が，子どもの心の発達に大きく影響します。家庭環境に問題があると，保護者との情緒的な結びつきがうまく築けないことが考えられます。人を信頼できず，そのため精神的な成長に支障をきたし，それが多動や攻撃性，無表情といった「気になる行動」として表出します。

**ワーク1**　事例から考えてみよう

### 事例 14-1　保育者として気になる子ども

（3歳児クラス）

　3月生まれのエリカちゃんが，4月から3歳児クラスに入園してきました。それまでは，1歳から自宅近くの小規模保育所に通っていました。

　エリカちゃんは他者との会話が成り立たず，オウム返しや独特な声を発することがあり，落ち着きもなく自分の興味，関心の向くままに動いています。また，少し嫌な

ことがあると「キー」という声を発して伝えることが多くあります。エリカちゃんが「キー」という声を出すと、ほかの子どもたちが変な顔をしたり、エリカちゃんのことを不思議そうに見たりする子どもがいます。

エリカちゃんが「キー」と言ったときには、保育者は何が嫌なのかを受け止め、エリカちゃんの気持ちをことばにし、エリカちゃん自身が「ことばにして伝えられる」ように援助していました。

また最近は、つま先立ちで歩く姿が見られるようになり、衣類が少しでも濡れたりすると気にするようになりました。

また、4月の入園時に「3歳児健診*1」を済ませていないことがわかりました。入園から保育者は、母親に健診に行くよう声をかけてきましたが、「今は仕事が忙しいので」と言って、なかなか行こうとしません。

---

**（設問1）**

保育者から見て、エリカちゃんの気になる言動とは、どのようなことか書いてみましょう。

---

**（設問2）**

保育者としてエリカちゃんに対して、どのような支援が必要なのか考えてみましょう。

---

＊1　3歳児健診とは、「満3歳を超え満4歳に達しない幼児」を対象とした健康診断で法定健診ともいわれ、市区町村などによって行われます。

（設問3）

グループに分かれて，エリカちゃんの気になる言動や保育者としてどのような配慮が必要なのかを話し合ってみましょう。

## 3　特別な配慮とインクルーシブ保育

　1994年のサマランカ声明（特別なニーズ教育に関する世界会議）において，「万人のための教育：EFA（Education For All）」の目的を前進させるため，インクルーシブ教育的アプローチに必要な基本的政策の転換が検討されることになりました[8]。そしてその後に，インクルーシブ教育の理念が世界中に広がりました。インクルーシブ教育の理念は，幼児期の統合保育にも影響を与えます。これまでの障害のある子どもと障害のない子どもの保育を一緒に行う「統合保育」から，「インクルーシブ保育」を志向する流れになったと考えられています[9]。

　三木[10]によると，インクルーシブ保育とは，障害のある子どもだけではなく，困難さを経験しているすべての子どもたちを対象とし，どんなに障害が重くても排除されることなく「すべての子どもたちが包容される状態」であると述べています。また，小山[9]は，一人ひとりの違いを理解し，個々への必要な支援も充実しながら，すべての子どもが活躍できる保育をすることがインクルーシブ保育であると報告しています。また，実施においては障害のない子どもたちと同様に幼児期ならではの生活を大切にすることが重要であると添えています。

　保育者はすべての子どものありのままの姿を受け止め，子どもが安心し，ゆとりをもって生活するなかで発達していけるよう配慮することが大切です。障害のある子どもと傷害のない子どもをただ一緒に保育しただけでは，インクルーシブ保育になりません。いろいろな子どもたちに合う保育，つまり子ども一人ひとりに合わせ，さまざまな保育ニーズに対応した多様性のある保育を行うことが重要です。

　障害のある子ども，外国籍の子ども，被虐待児などの特別な配慮を必要とする子どもを含め，すべての子ども一人ひとりを大切な個としてとらえ，おのおのに必要な援助をしていくことです。堀[11]は，特別な配慮を必要とする子どもを健常児に近づけるという考えではなく，多様な人間関係のなかでその子のもつ能力を生かしながら，よ

り生活しやすい方策について探求する，という考え方を報告しています。保育者は生きづらさや生活のしづらさを感じている子どもの気持ちを受け止め，子どもを主体者とする援助・対応をしていくことが大切です。

## ワーク2　事例から考えてみよう

### 事例 14-2　みんなと一緒にやりたい，遊びたい！

―――・―――・―――・―――・―――※―――・―――・―――・―――・―――

（4 歳児）

　知的な遅れのあるあずさちゃんは，友達と一緒に遊ぶことが好きな子です。しかし，同じようにできなかったり，遊びのイメージやルールがわからなかったりして，仲間に入れず批判されることもありました。

　最近，あずさちゃんの 4 歳児のお部屋では，自分の傘袋ロケットをつくって飛ばし合いごっこが流行しています。あずさちゃんもそれをみて自分もつくりたくて，みんなが製作する場に行きました。友達の様子をみて，材料をもってきたものの，どうしてよいかわかりません。友達に「どうするの？」と聞きました。友達は「ここをこうやって袋に空気を入れたらねじるんだよ」と自分の傘袋をみせて自分なりに教えてくれました。あずさちゃんも傘袋を手にとり，頬を膨らませてから空気を入れますが，思うように膨らみません。最後は顔を真っ赤にして傘袋をくしゃくしゃにし，放り投げてしまいました。

　保育者が気づいて，「一緒にやろうか」とさりげなく，くしゃくしゃになった傘袋を広げ，手伝い始めました。保育者と一緒につくりあげた傘袋ロケットをもって，あずさちゃんは「さきちゃん，できたよー，1，2 の 3 しよう」と声をかけていました。さきちゃんは「あずちゃんのロケット，同じ赤だね。1，2 の 3」といって，2 人は一緒に傘袋ロケット遊びをしているみんなのところに行きました。あずさちゃんは

投げるタイミングがつかめず，ロケットはすぐに地面に墜落していたのですが，投げては飛ばしを繰り返しながらも「さきちゃん，飛んだよ！ 飛んだ！」と満面の笑顔で満足そうでした。

　あずさちゃんのように技術や理解面で難しさを抱えた子どもが，「友達と遊びたいという思い」をもっているとき，保育者にはどのような配慮が必要になるでしょう。

　このエピソードのような技術的な支援をしたり，遊びのなかで共有されているイメージやルールをわかりやすく伝えたりすることも援助の一つです。また，4歳児頃になると子どもは集団と個との関係がつかめるようになり，集団を通して友達との関係を深めていくと報告されています[12]。あずさちゃんは，傘袋ロケットを製作し，友達と一緒に飛ばしたことで，遊びを共有する楽しさを体験することができました。このことは，あずさちゃんにとって，友達関係づくりの援助につながりました。

　どの子どもも一緒に楽しめるよう，遊びの内容や参加の仕方を工夫することが大切です。あずさちゃんは，ほかの子どもと同じように飛ばすことはできませんでしたが，一緒に楽しむことができました。まったく同じようにはできなくても，一緒の気持ちを体験することができました。本人やまわりの子どもが"一緒に楽しんでいる"気持ちをもてる，あずさちゃんなりの参加の仕方を見つけ出す経験ができました。

　また，集団のなかで関係性が築けてくると，さきちゃんがあずさちゃんにつくり方を教えようとしたように，子ども同士の支え合いや教え合いの姿が行動としてあらわれてきます。保育者はその姿を大切にし，発達段階に応じて子ども同士のやり取りを見守りながら，支えきれない部分をさりげなく配慮すること必要です。

---

**（設問1）**
インクルーシブ保育の視点において，この日の保育のねらいと内容は何か考えてみましょう。

（自分の考え）



（友人の考え）




---

**（設問２）**

あずさちゃんがクラスにいることで，ほかの子どもたちにどのような力が育まれると思いますか。

（自分の考え）

（友人の考え）

---

**事例 14-3　ことばの遅れが「気になる子」への対応　―他機関との連携支援―**

＿＿＿ ⊛ ＿＿＿ ⊛ ＿＿＿ ⊛ ＿＿＿ ⊛ ＿＿＿ ☀ ＿＿＿ ⊛ ＿＿＿ ⊛ ＿＿＿ ⊛ ＿＿＿

　２歳児のコウくんは，母親と祖父母と４人で暮らしています。祖父母もコウくんのことをとてもかわいがっています。保育所でのコウくんは自分からことばを発することが少なく，皆で絵本などを見ているときにもフラッと立ち歩くことがあり，担任保育者は気になっていました。しかし，送迎時に母親と話をしても，母親がコウくんの発達を気にしている様子が見られず，保育所で気になっている姿をどのように伝えればいいか考えていました。

　ある日，年長クラスが楽器遊びを始めると耳をふさいで怖がるようすが見られたため，迎えにきた母親にコウくんの様子を伝え，家や外出時におおきな音を怖がったりすることがなかったかを聞きました。母親はコウくんがバイクが通り過ぎたり車のクラクションが鳴ったりすると，急に泣き出したことがあると話してくれました。

　担任保育者はいい機会と考えたため，保育所で気になっているコウくんの姿について具体的に伝えました。すると，１歳半健診の際にことばの発達についてようすをみましょうと言われていたこと，家ではコウくんがことばを話す機会がほとんどないことを話してくれました。

　担任保育者は，コウくんの音に対する反応からコウくん自身も困っているかもしれないことを伝え，音に対する敏感さやことばの発達について近くの保健センターで相談できることを伝えた。

　その後，保健師と面談した結果，コウくん親子は，月に２回療育センターに通うことになりました。担任保育者は，コウくんの成長や特性に合わせて一貫した支援を行

えるようにしたいことを母親に伝え，母親の許可を得たうえで，療育センターの担当者に連絡をとり，それぞれの場におけるコウくんのようすやコウくんの関わり方，母親への支援の方法などを伝え合うようにしました。さらに，年に数回，母親と地域担当の保健師，療育センターの担当者，担任保育者，主任保育者が顔を合わせてコウくんの成長や援助の方法等を共有する場を設けています。

　乳幼児期における発達は，個人差や環境による影響が強く，遅れなどを断定することが困難だといわれています。また，子どもの発達的課題が集団で過ごしているからこそ明らかになることもあるため，保護者への伝え方や支援へのつなげ方には細かな心配りをしながら対応することが必要です。

　事例14-3おいて，担任保育者はコウくんの日頃の様子から気になることをとらえていましたが，母親に伝えるタイミングやどのような方法がよいのかと悩んでいました。担任は，母親と会話をする機会がほとんどなく，関係性が築けていないと感じていたからです。コウくんの様子を観察するなかで音に対して過剰な反応を表すことに気がつき，そのことをきっかけに保護者とコウくんの困っていることを共有し，保健センターの利用につなげることができました。担任保育者はすぐに療育機関を紹介すると，母親が不安になるかと思い，まず地域の保健センターを紹介しました。また，療育機関につなげたあとも，療育機関の担当者と担任が連携をとりながら，コウくんの育ちと母親への支援も行っています。

　このようにほかの機関につなげたら保育所の支援が終わるわけではなく，他機関と子どもの情報を共有し，互いの専門性を生かして継続的に支援することが，子どものよりよい生活につながり，子どもや保護者を支えることになります。ただし，子どもと保護者の情報を外部の機関と共有する場合には，事前に保護者の許可を得なければなりません。

　事例14-3の母親は，祖父母と同居していますが，母親がどのような気持ちで子育てしているのか，祖父母との関係はどうなのかなど，母親の気持ちをしっかりと受けとめ，関係を築いていくことが支援の第一歩といえます。

　保育者は発達障害について，基礎的知識は必要となりますが，安易に診断することは禁物です。むしろその子どもと保護者に，どう寄り添うかを考えることが大切です。

**（設問 3 ）**

担任はどうして母親にコウくんの気になることをいわなかったのでしょうか。

（自分の考え）


（友人の考え）


**（設問 4 ）**

母親にコウくんの気になっている姿を伝えるときの配慮を考えてみましょう。

（自分の考え）


（友人の考え）


**（設問 5 ）**

担任からコウくんの気になることを聞いて，療育センターに行くと決めるまでの
母親の気持ちの変動を考えてみましょう。

（自分の考え）


（友人の考え）

## ［さらに学びを深めるために］

・堀智晴ほか編著『ソーシャルインクージョンのための障害児保育』ミネルヴァ書房，2014

　障害児権利条約の理念にもとづくインクルーシブ保育を解説した本です。障害児保育の理念や制度，保育の実践や関係機関など，インクルーシブ保育について学ぶことができます。

## ［引用文献］

1）佐々木正美「障害児・者の家族援助　―TEACCHのプログラムモデル―」『小児保健情報』30，1994，pp.20-29

2）文部科学省初等中等教育局特別支援教育課「通常の学級に在籍する発達障害の可能性のある特別な教育的支援を必要とする児童生徒に関する調査結果について」2012
（https://www.mext.go.jp/a_menu/shotou/tokubetu/material/1328729.htm：情報取得日2020年3月15日）

3）池田友美・郷間英世・川崎友絵・山崎千裕・武藤葉子・尾川瑞季・永井利三郎・牛尾禮子「保育所における気になる子どもの特徴と保育上の問題点に関する調査研究」『小児保健研究』66（6），2007，pp.815-820

4）日高希美・橋本創一・秋山千枝子「保育所・幼稚園の巡回相談における「気になる子どものチェックリスト」の開発と適用」『東京学芸大学紀要総合教育科学系』59，2008，pp.503-512

5）藤原直子「障害への対応」平山諭編著『障害児保育』ミネルヴァ書房，2008，pp.27-47

6）平澤紀子・藤原義博・山根正夫「保育所・園における「気になる・困っている行動」を示す子どもに関する調査研究」『発達障害研究』26巻4号，2005，pp.256-267

7）佐藤暁・小西淳子『発達障害のある子の保育の手だて』岩崎学術出版社，2007

8）工藤英美・金仙玉「保育者のインクルーシブ保育に対する認識　―保育者の意識調査の傾向より―」『生涯発達研究』10，2017，pp.95-100

9）小山望・太田俊己・加藤和成・河合高鋭編『インクルーシブ保育っていいね』福村出版，2013，pp.25-36

10）三木美香・名須川知子・大方美香編『インクルーシブ保育論』（MINERVAはじめて学ぶ保育⑨）ミネルヴァ書房，2017，pp.11-21

11）堀智春・橋本好市・直島正樹編著『ソーシャルインクルージョンのための障害児保育』ミネルヴァ書房，2014，p.28

12）大阪保育研究所編『子どもと保育4歳児』（改訂版）かもがわ出版，2011

## ［参考文献］

・厚生労働省『保育所保育指針解説』フレーベル館，2018

・腰川一惠監修『発達障害の子をサポートする「気になる子」の保育実例集』池田書店，2015

・最新保育士養成講座総括編纂委員会『子ども家庭支援　―家庭支援と子育て支援』全国社会福祉協議会，2019

・清水益治・森俊之編著『子どもの理解と援助』中央法規，2019

・高嶋景子・砂上史子編著『子ども理解と援助』ミネルヴァ書房，2019

・内閣府・文部科学省・厚生労働省『幼保連携型認定こども園教育・保育要領解説』フレーベル館，2018

・発達障害情報・支援センターホームページ〔理解する→発達障害を理解する→発達障害とは〕（http://www.rehab.go.jp/ddis/：情報取得日2020年3月17日）

・文部科学省『幼稚園教育要領解説』フレーベル館，2018

# 発達の連続性と就学への支援

## 1　幼保小接続期における子どもの発達と学びの連続性

### [1] 幼児期から児童期への教育

　幼児期から児童期への発達の連続性を保障するためには，保育者と小学校教師がともに幼児期と児童期の発達の流れを理解し，長期的視点からとらえることが大切です。

　幼児期は，何より楽しさを求めて活動を行う時期で，幼稚園・保育所・認定こども園（以下「幼稚園・保育所など」という）では，子どもが遊びを通して楽しさやおもしろさを感じつつ，さまざまな物事を体験することを大事にし，その楽しい活動の過程や結果として学びが成り立っています。そうした学びと関連して，子どもは集中する力や持続させていく力などを身につけながら，生活を充実させていきます。

　一方，児童期に入ると，幼児期に培った学びやさまざまな力をもとに，子どもは目的に向け，自己を統制したりする力が高まっていきます。小学校における学びは，学習に特化された授業という枠のなかで，教師により示された学習の目標を改めて自分の目標として自覚し，その自覚化された目標に向けて努力することにより成り立っています。そこでは子どもは学習者として，課題に向かって集中し，接続する力を発揮して，学んでいきます。自らの知っていることと，その場で得られる情報とをつないで，新たな知識の組織化を図っていきます[1]。

　こうした幼児期の「学びの芽生え」の時期から，児童期の「自覚的な学び」の時期への円滑な移行は重要であり，2010（平成22）年11月に報告された「幼児期の教育と小学校教育の円滑な接続の在り方について（報告）」では，幼児期と児童期の教育の連続性・一貫性が強調され，幼児期と児童期の教育の目標は「学びの基礎力の育成」であるとされています。また，子どもたちに基本的生活習慣が身についておらず，自制心や耐性，規範意識が十分に育っていないなどの課題が指摘され，教師の話が聞けずに授業が成立しないなどの「小1プロブレム」が取りあげられています。こうした課題を保育者と小学校教師が共有し，解決に向けて連携していくことが求められています。

## ［2］幼児教育において育みたい資質・能力 ◆━•━❖━•━❖━•━❖━•━❖━•

　これらの状況から，さまざまな自治体などで接続期カリキュラムの作成・実施が行われるようになり（神奈川県横浜市，埼玉県草加市など多数），2017（平成29）年3月には，幼稚園教育要領，保育所保育指針（以後「保育指針」という），幼保連携型認定こども園教育・保育要領，小学校学習指導要領が改訂（定）され，幼保小接続は一層重視されています。そして，保育所保育指針では，改定の方向性のなかで「保育所保育における幼児教育の積極的な位置づけ」が示されました。

---

**保育所保育指針　改定の方向性**

（2）保育所保育における幼児教育の積極的な位置づけ

　保育所保育においては，子どもが現在を最も良く生き，望ましい未来をつくり出す力の基礎を培うために，環境を通して養護及び教育を一体的に行っている。幼保連携型認定こども園や幼稚園と共に，<u>幼児教育の一翼を担う施設として，教育に関わる側面のねらい及び内容に関して，幼保連携型認定こども園教育・保育要領及び幼稚園教育要領との更なる整合性を図った。</u>

　また，幼児教育において育みたい子どもたちの資質・能力として，「知識及び技能の基礎」「思考力，判断力，表現力等の基礎」「学びに向かう力，人間性等」を示した。そして，これらの資質・能力が，第2章に示す健康・人間関係・環境・言葉・表現の各領域におけるねらい及び内容に基づいて展開される保育活動全体を通じて育まれていった時，幼児期の終わり頃には具体的にどのような姿として現れるかを，「幼児期の終わりまでに育ってほしい姿」として明確化した。

　保育に当たっては，これらを考慮しながら，子どもの実態に即して計画を作成し，実践することが求められる。さらに，計画とそれに基づく実践を振り返って評価し，その結果を踏まえた改善を次の計画へ反映させていくことが，保育の質をより高めていく上で重要である。

（下線は筆者による）

---

　幼稚園・保育所などにおいては，園生活の全体を通して，子どもに生きる力の基礎を育むことが求められています。そのため，幼児期の教育の基本を踏まえ，小学校以降の子どもの発達を見通しながら教育活動を展開し，幼児教育において育みたい資質・能力を育むことが大切です。

## ［3］幼児期の終わりまでに育ってほしい姿 ◆━•━❖━•━❖━•━❖━•━❖━•

　「幼児期の終わりまでに育ってほしい姿」は，5領域（健康・人間関係・環境・言葉・

表現）に示されたねらいや内容にもとづいて保育を行うことで資質・能力が一体的に育まれた5歳児修了頃の具体的な子どもの姿です。

「幼児期の終わりまでに育ってほしい姿」が新たに示され，保育者と小学校教師との意見交換や合同の研究の機会などを設け，具体的な子どもの姿を共有することが求められています。「幼児期の終わりまでに育ってほしい姿」は，「健康な心と体」「自立心」「協同性」「道徳性・規範意識の芽生え」「社会生活との関わり」「思考力の芽生え」「自然との関わり・生命尊重」「数量・図形，標識や文字などへの関心・感覚」「言葉による伝え合い」「豊かな感性と表現」に関わる子どもの具体的な姿であり，保育者と小学校教師とが指導を行う際に考慮するものです。5領域を踏まえていますが，5歳後半の育ちや学びの姿がみえにくくわかりにくいため，小学校教師や保護者等の理解を促し，より意味ある幼保小接続を推進する視点から提示されました。

---

**『保育所保育指針』第1章4の（2）幼児期の終わりまでに育ってほしい姿**

ア　健康な心と体

　　保育所の生活の中で，充実感をもって自分のやりたいことに向かって心と体を十分に働かせ，見通しをもって行動し，自ら健康で安全な生活をつくり出すようになる。

イ　自立心

　　身近な環境に主体的に関わり様々な活動を楽しむ中で，しなければならないことを自覚し，自分の力で行うために考えたり，工夫したりしながら，諦めずにやり遂げることで達成感を味わい，自信をもって行動するようになる。

ウ　協同性

　　友達と関わる中で，互いの思いや考えなどを共有し，共通の目的の実現に向けて，考えたり，工夫したり，協力したりし，充実感をもってやり遂げるようになる。

エ　道徳性・規範意識の芽生え

　　友達と様々な体験を重ねる中で，してよいことや悪いことが分かり，自分の行動を振り返ったり，友達の気持ちに共感したりし，相手の立場に立って行動するようになる。また，きまりを守る必要性が分かり，自分の気持ちを調整し，友達と折り合いを付けながら，きまりをつくったり，守ったりするようになる。

オ　社会生活との関わり

　　家族を大切にしようとする気持ちをもつとともに，地域の身近な人と触れ合う中で，人との様々な関わり方に気付き，相手の気持ちを考えて関わり，自分が役に立つ喜びを感じ，地域に親しみをもつようになる。また，保育所内外の様々な環境に関わる中で，遊びや生活に必要な情報を取り入れ，情報に基づき

判断したり，情報を伝え合ったり，活用したりするなど，情報を役立てながら活動するようになるとともに，公共の施設を大切に利用するなどして，社会とのつながりなどを意識するようになる。

カ　思考力の芽生え

　　身近な事象に積極的に関わる中で，物の性質や仕組みなどを感じ取ったり，気付いたりし，考えたり，予想したり，工夫したりするなど，多様な関わりを楽しむようになる。また，友達の様々な考えに触れる中で，自分と異なる考えがあることに気付き，自ら判断したり，考え直したりするなど，新しい考えを生み出す喜びを味わいながら，自分の考えをよりよいものにするようになる。

キ　自然との関わり・生命尊重

　　自然に触れて感動する体験を通して，自然の変化などを感じ取り，好奇心や探究心をもって考え言葉などで表現しながら，身近な事象への関心が高まるとともに，自然への愛情や畏敬の念をもつようになる。また，身近な動植物に心を動かされる中で，生命の不思議さや尊さに気付き，身近な動植物への接し方を考え，命あるものとしていたわり，大切にする気持ちをもって関わるようになる。

ク　数量や図形，標識や文字などへの関心・感覚

　　遊びや生活の中で，数量や図形，標識や文字などに親しむ体験を重ねたり，標識や文字の役割に気付いたりし，自らの必要感に基づきこれらを活用し，興味や関心，感覚をもつようになる。

ケ　言葉による伝え合い

　　保育士等や友達と心を通わせる中で，絵本や物語などに親しみながら，豊かな言葉や表現を身に付け，経験したことや考えたことなどを言葉で伝えたり，相手の話を注意して聞いたりし，言葉による伝え合いを楽しむようになる。

コ　豊かな感性と表現

　　心を動かす出来事などに触れ感性を働かせる中で，様々な素材の特徴や表現の仕方などに気付き，感じたことや考えたことを自分で表現したり，友達同士で表現する過程を楽しんだりし，表現する喜びを味わい，意欲をもつようになる。

# 2　幼保小接続期の子どもと保護者への支援

## ［1］子どものとまどいと保育者・小学校教師の工夫

　小学校へ入学すると，子どもたちはこれまでの園生活とは異なる学校生活に対し，さまざまなとまどいを体験します。たとえば，一人での登校，荷物の多さ，新しい先

生，たくさんの仲間，学校の大きさ，和式トイレ，遊ぶ時間の短さ，一番下の立場になる変化などです。

　幼児教育では，計画的に環境を構成し，遊びを中心とした生活を通して体験を重ね，一人ひとりに応じた総合的な指導を行っています。また，1日を単位に幼児期にふさわしい生活の展開を踏まえ，人との関わりや興味・関心に応じた活動時間を設定しながら保育を行っています。一方，小学校では，1単位時間を45分とし，各教科等の授業時数などが定められています。そして，時間割にもとづき，各教科の内容を教科書などの教材を用いて学習しています。こうした幼児教育と小学校教育の段差から，慣れない学校生活にとまどいや疲れ，不満を感じている子どもの様子が指摘されています。

　こうした子どものとまどいへの配慮として，小学校では入学後しばらくの間，チャイムをあくまでも目安としてとらえ，子どものペースに合わせて15分程度の活動を組み合わせて，弾力的に授業を構成しています。教室では，すべての机を前に向けたスクール形式ではなく，複数の机をくっつけたグループ活動形式にしたり，少し机をうしろに寄せて前方に空間をつくり，寄り添って集まれるようにしたりしています。また，絵本や図鑑，工作素材やブロックなどを置いたコーナーを設置し，休み時間などに，いつでも手に取れるようにすることで，子どもたちが安心して過ごせる居場所をつくっています。絵本コーナーやブロックコーナーにはカーペットや畳を用意し，くつろげる空間をつくることなども行われています。

　幼稚園・保育所などでは，ふだんの生活や活動を通して，クラスの皆と一緒に話し合いをするなど，人の話を聞く機会や自分の考えを発表する機会を増やしたり，クラスの仲間と一つの目的に向かって協同して活動する機会を設けたりすることが実践されています。時間や1日の流れを意識して生活するように，予定を時計の模型とともに示したり，午睡の時間を減らしたりするなど，生活面での配慮も行われています。


## ［2］保護者の不安と心配を支える　◆━▸・◂━◆・▸・◂━◆・▸・◂━◆・▸━◆

　幼保小接続期には，就学への期待とともに，小学校生活のスタートでのつまずきなど，保護者も不安を感じています。そのため，保護者の不安や心配を軽減し，保護者が安心して小学校生活に向けて見通しをもって子どもに関わっていけるように取り組んでいくことが大切です。幼稚園・保育所などや小学校では，表1のように，保護者との信頼関係や保護者同士のつながりを培いながら，「幼児期の終わりまでに育ってほしい姿」などを手がかりに，保護者に幼児教育と小学校教育の違いについての理解を促したり，個人懇談を行うなど個別の相談に対応したりしています。

表1　保護者（家庭）との連携に向けた実践例

| 幼稚園・保育所など | 小学校 |
|---|---|
| ・参観日の保護者懇談会<br>・保育参加など<br>　園での遊びや生活，子どもの姿がわかる「ドキュメンテーション」「動画」などを通して，子どもの育ちを保護者と共有します。体験を通して，小学校以降の学習や生活の基盤が培われていることを伝え，子どもの育ちの理解につなげます。 | ・親子見学会<br>・就学時健診<br>・小学校一日入学や公開授業など<br>　実際に小学校を見ることで，保護者が小学校生活のイメージをもち，安心感をもつことができます。入学までに身につけたい力や親子で大切にしたいことなどを伝え，子どもが安心して入学できる環境を整えていきます。 |
| ・個人懇談，個別の相談など<br>　保護者からの相談には，ていねいな対応を心がけ，とくに入学に不安をもつ保護者や特別な支援を必要とする子どもの保護者には，入学後への見通しがもてるようわかりやすく説明します。<br>　また，学校側の様子などを問い合わせできるよう，園と小学校で担当者を決め，相談しやすい体制をつくり，情報を共有していくことも大切です。 | ・入学式<br>・4月当初の保護者懇談など<br>　入学後の説明やお便りでスタートカリキュラムによる取り組みなどを保護者に伝え，理解を図ります。<br>　また，子どもが安心して自分の力を発揮できるよう保護者との連携が大切であること，学校生活のなかで出てきた不安や疑問は，担任に連絡してほしいことを伝え，保護者の話を聞く姿勢を示しておきます。 |

# 3　幼保小接続期におけるさまざまな連携

## ［1］子ども同士の交流

　幼稚園・保育所などでの交流を実施し，就学に向けた連携をとることが求められます。以前より幼保小交流会は，多くの幼稚園・保育所などと小学校で実施されていますが，未実施であれば，まずは連携を始めやすい学校や園に働きかけていくことから始めていきます。

幼稚園・保育所などの子どもたちにとっては，一緒に活動する機会を通して小学校の雰囲気に触れたり，小学生や先生と顔見知りになったりすることで，小学校生活への不安が軽減し，期待やあこがれを抱くことにつながります。小学校の子どもたちにとっては，年下の子どもと接することで，自分の成長に気づいたり，思いやりの心を育んだりするよい機会となります。

　生活の変化に子どもが対応できるようになっていくことも学びの一つとしてとらえ[2]，お互いの教育の違いを尊重しながら，一方が他方に合わせることがないように取り組んでいくことが大切です。


## ［2］保育者・教師同士の交流　◆・◆・◆・◆・◆・◆・◆・◆・◆・◆・◆・◆

　保育者と小学校教師が顔見知りとなり，意見交換や合同の研究会や研修会，保育参観や授業参観などを通じて連携を図ることが大切です。

　まずは，保育者と小学校教師が集まって話し合う機会を設けます。会議などでの伝達事項の共有で終わらず，幼稚園・保育所などでの生活や遊びのなかでの子どもの姿や援助のあり方などの事例や，小学校での事例などを一緒に検討するなかで，互いの相違点と共通点を確認し，違いを認めながら，互いに歩み寄れる部分を共有できるようにしていきます。

　保育参観や授業参観では，ねらいやみてほしい視点なども知らせて参観し，その後の話し合いの機会をもつことも大切です。子どもの実際の姿を通して，子どもの行為から思いを読み取り，援助や指導のあり方を振り返るなかで，互いに理解を深めることができます。

　このほかにも，小学校教師が幼稚園・保育所などを訪問し，保育者からの説明を受けながら保育環境を見学したり，保育者体験を行ったりすることは，さまざまな環境に保育者の意図や願いが込められていることに気づくよい機会となります。

---

『保育所保育指針』第2章4の（2）小学校との連携

ア　保育所においては，保育所保育が，小学校以降の生活や学習の基盤の育成につながることに配慮し，幼児期にふさわしい生活を通じて，創造的な思考や主体的な生活態度などの基礎を培うようにすること。

イ　保育所保育において育まれた資質・能力を踏まえ，小学校教育が円滑に行われるよう，小学校の教師との意見交換や合同の研究の機会などを設け，第1章の4の（2）に示す「幼児期の終わりまでに育ってほしい姿」を共有するなど連携を図り，保育所保育と小学校教育との円滑な接続を図るよう努めること。

---

## ［3］子どもの育ちと学びをつなぐ要録 ◆━◆・◆━◆◆◆・◆━◆◆◆◆

　幼稚園・保育所などでは，子どもの育ちと学びを小学校へつなげるため，「幼稚園幼児指導要録」「保育所児童保育要録」「幼保連携型認定こども園園児指導要録」を送付することが義務づけられています。「幼稚園幼児指導要録」の小学校への送付は，学校教育法施行規則第24条2項で，「校長は，児童が進学した場合においては，その作成に係る当該児童等の抄本又は写しを作成し，これを進学先の校長に送付しなければならい」と定められています。

　また，2008（平成20）年の指針の改定により送付が義務づけられた「保育所児童保育要録」は，2017（平成29）年に改訂された指針のなかで，以下のように示されています。

---

**『保育所保育指針』第2章4の（2）小学校との連携**

ウ　子どもに関する情報共有に関して，保育所に入所している子どもの就学に際し，市町村の支援の下に，子どもの育ちを支えるための資料が保育所から小学校へ送付されるようにすること。

---

　「保育所児童保育要録」の保育に関する記録では，最終年度の重点，個人の重点，保育の展開と子どもの育ち，とくに配慮すべき事項を記入する「保育の過程と子どもの育ちに関する事項」と，「最終年度に至るまでの育ちに関する事項」について，子どもに関する情報を共有し，子どもの育ちを支えるための資料として作成されます。

　「幼稚園幼児指導要録」「幼保連携型認定こども園園児指導要録」の指導に関する記録は，1年間の指導の過程とその結果を要約し，次の年度の適切な指導に資するための資料で，学年と個人の「指導重点等」と「指導上参考となる事項」を記入するものです。

　どの要録も，最終年度の記入に当たっては，とくに小学校などにおける児童の指導に生かされるよう，「幼児期の終わりまでに育ってほしい姿」を活用して子どもに育まれた資質・能力をとらえ，指導の過程と育ちつつある姿をわかりやすく記入します。また，項目別に子どもの育ちつつある姿を記入するのではなく，全体的，総合的にとらえて記入します。

## ［4］特別な配慮を要する子どもの引き継ぎ　―就学時引き継ぎシート― ━◆・◆━

　特別な配慮を必要とする子どもが就学する際は，小学校でも個別の支援を継続できるようにするため，保育者，小学校教師，保護者，専門機関などとの連携が求められ

支援状況シート（様式例） 保育所・幼稚園等→小学校等
作成日 平成　年　月　日

| 本人・保護者の願い | | | | |
| --- | --- | --- | --- | --- |
| 興味・関心 | | | | |
| 得意なこと | | | | |
| 苦手なこと | | | | |

| 配慮や支援が必要な場面 | | 支援 | 様　子 | 支援内容 |
| --- | --- | --- | --- | --- |
| 生活面 身辺処理面 | 食事 | | | |
| | 排泄 | | | |
| | 衣服の着脱 | | | |
| | 移動 | | | |
| | 睡眠 | | | |
| | 危険認知 | | | |
| | その他 | | | |
| 社会性 コミュニケーション | 指示の理解 | | | |
| | 言葉によるコミュニケーション | | | |
| | 人とのかかわり方 | | | |
| | 集団参加 | | | |
| | ルールの理解・遵行 | | | |
| | 感情のコントロール 注意の集中 | | | |
| | その他 | | | |
| 健康面 身体機能面 | 疾病・身体機能 | | | |
| | 見え方 | | | |
| | 聞こえ方 | | | |
| | 姿勢保持 | | | |
| | 粗大運動・微細運動 | | | |
| | その他 | | | |
| 学びの基盤 | 事物や場面の理解 | | | |
| | 文字への興味関心 読むこと | | | |
| | 書くこと | | | |
| | 数の理解 | | | |
| | 描くこと | | | |
| | その他 | | | |

就学サポートプラン（様式例） 保育所・幼稚園等→小学校等
作成日 平成　年　月　日

| 入学式及び就学2か月程度の本人・保護者の願い | |
| --- | --- |

○入学式で必要な指導及び支援の内容

| 想定される課題 | 対　応 |
| --- | --- |

○就学後2か月程度必要な指導及び支援の内容

| 区分 | 就学後の必要な指導及び支援の内容・配慮事項等 予想される課題 | 対　応 |
| --- | --- | --- |
| 登下校 | | |
| 学習時間 | | |
| 休み時間 | | |
| 給食 | | |
| その他（教材医等） | | |

**図1　「引き継ぎシート」の様式例**

（「発達障害等のある幼児児童生徒の支援をつなぐ就学時引き継ぎシート（例）・支援引き継ぎシート（例）」2002，pp.8-10）

ます。高知県などで実施している「引き継ぎシート」（図1）では，子どもたちの将来の自立や社会参加を見通し，一人ひとりの教育的ニーズに応じるために，幼稚園・保育所など，小学校および特別支援学校などの校種間で，それまでに積みあげた指導や支援を確実に次の学校につなぐ仕組みとして活用されています。

「引き継ぎシート」を活用することで，生活面，社会性，健康面，学習面など，さまざまな場面で個別の支援を必要とする子どもへの対応を小学校でゼロから取り組むのではなく，必要な情報を伝達し，子どもや保護者の不安や負担を軽減することが期待されます。

### ワーク1　資料を集めて調べてみよう

幼保小接続を推進するために自治体などで作成されている接続期カリキュラムを複数集めて，「幼児期の終わりまでに育ってほしい姿」と関連する内容や，共通点や相違点について調べてみましょう。

手順①　グループに分かれ，インターネットで接続期カリキュラムに関する自治体などの取り組みを検索し，資料を収集します。

手順②　集めた資料をグループ内で担当を決め，「幼児期の終わりまでに育ってほし

い姿」と関連する内容や，共通点や相違点について調べます。

**手順③** 調べた内容を発表資料としてまとめます（模造紙などにまとめてポスターセッションをしたり，パワーポイントにまとめて発表したりすることを事前に決めて取り組むのもよいと思います）。

**手順④** グループ発表を行い，共通点や相違点などについて意見交換をします。

**【解説】接続期カリキュラムとは**

　スタートカリキュラムは，2008（平成20）年の小学校学習指導要領解説の生活科編で，幼児教育と小学校教育の円滑な接続を目的にカリキュラム編成の工夫として示されました。2017（平成29）年に改訂された小学校学習指導要領では，「幼児期の終わりまでに育ってほしい姿」を踏まえた指導を工夫することにより，幼児期の教育を通して育まれた資質・能力を踏まえて教育活動を実施することや，小学校入学当初において，生活科を中心に，合科的・関連的な指導や弾力的な時間割の設定など，指導の工夫や指導計画の作成を行うこと（スタートカリキュラムの編成・実施）が定められ，生活科を中心として低学年の各教科等を通じたスタートカリキュラムの充実が求められています。

---

**『小学校学習指導要領』第1章4　学校段階等間の接続**

　教育課程の編成に当たっては，次の事項に配慮しながら，学校段階等間の接続を図るものとする。

（1）幼児期の終わりまでに育ってほしい姿を踏まえた指導を工夫することにより，幼稚園教育要領等に基づく幼児期の教育を通して育まれた資質・能力を踏まえて教育活動を実施し，児童が主体的に自己を発揮しながら学びに向かうことが可能となるようにすること。

　また，低学年における教育全体において，例えば生活科において育成する自立し生活を豊かにしていくための資質・能力が，他教科等の学習においても生かされるようにするなど，教科等間の関連を積極的に図り，幼児期の教育及び中学年以降の教育との円滑な接続が図られるよう工夫すること。特に小学校入学当初においては，幼児期において自発的な活動としての遊びを通して育まれてきたことが，各教科等における学習に円滑に接続されるよう，生活科を中心に，合科的・関連的な指導や弾力的な時間割の設定など，指導の工夫や指導計画の作成を行うこと。

（下線は筆者による）

---

　スタートカリキュラムをデザインする際の基本的な考え方として，国立教育政策研究所教育課程研究センターの「発達や学びをつなぐスタートカリキュラム」では，「一

人一人の児童の成長の姿からデザインする」「児童の発達の特性を踏まえて，時間割や学習活動を工夫する」「生活科を中心に合科的・関連的な指導の充実を図る」「安心して自ら学びを広げていけるような学習環境を整える」の４点をあげています。

　また，幼稚園・保育所などでは，子どもの発達や教育を長期的な視点でとらえることを踏まえながら，無理なく小学校へつながっていくよう，話し合いや協同的な活動の保育内容を工夫したり，小学校との交流活動を組み入れたりすることを行い，保育所の全体的な計画や幼稚園・認定こども園の教育課程と小学校の教育課程が子どもの発達と学びの流れというところでつながるようにしていくことが重要です。

**事例 15-1　トマト，はかってみよう！**

──・──・──・──・──・❀──・──・──・──・──・──

（5歳児　7〜9月）

ねらい：必要感をもって数や文字に触れることを通して，数や文字で表すよろこびを
　　　　味わう。
内　容：目的に合った用具や材料に気づき，使ってみる。
　　　：育っている野菜の収穫をよろこび，数えたり，量ったりしたことを自分なり
　　　　に書く。

　畑で収穫した野菜を数人の園児が保育室にもって入ってきました。ハルは，たくさんのミニトマトの入ったビニール袋をもっていました。ハルが「57こ，はかる，はかる。ミクちゃん『行くでー』」というと，ミク，タクヤが保育室の奥へ行き，秤にミニトマトの入ったビニール袋を置きました。針が１周回って０の近くを指したのを見て，「全部おなじや」とユイが言ったので，「違うで，回ってここまでで」とミクが指

で0から約1周回って指した針の軌道を示しました。ハルも「うん，そうで」とい
い，ユイがわかったという表情を見せました。そして，「すっげぇ，誰よりも重い。
4と8と0や」と針の指した目盛りを読みました。

　ハル，ミク，タクヤは紙と鉛筆をもって秤のそばに座りました。ミクが「57こ，
57こで」と，ミニトマトの数をハルに伝えました。ハルは，文字をゆっくり思い起こ
しながら，紙に『57ことれたよ』と書きました。タクヤは「とまとって書いて」と，
ハルが書いた文字の下を指さしていいました。ハルは，2段目に『とまと』と書き，
自分が書いた文字を見て「ねぇ，これ見て！　どっちから読んでも『とまと』で」と
うれしそうにタクヤに伝えました。

　子どもたちは，自分たちで毎日のように実の熟し具合を見ては，夏の日差しで枯れ
ないように水をかけるなど世話をし，大切に思ってきた野菜だったので，収穫した野
菜の数や重さへの興味や関心をもっています。また，子どもの必要感にもとづいて調
べる活動を行ってきたことを通して，秤を使うと重さが量れることを知り，収穫した
野菜を量ることを楽しんでいます。そして，友達や先生に見つけたことを伝えるため
に，数や文字で表そうとするなかで，文字や言葉のおもしろさといった新たな気づき
が生まれています。

　こうした子どもたちの姿は，保育者による環境構成や援助によって生み出されてい
ます。たとえば，保育室の壁際に低めの机を配置し，その上に秤と紙（A4用紙の半分
大），鉛筆や色鉛筆をいつでも使うことができるように置いて，子どものよろこびや発
見したことを自分なりの方法で表現できるよう，環境を整えていました。また，子ど
もなりのやり方や考え方を大事に見守りながら，子ども同士の関わりのなかで気づき
や学びが促されるようにしていました。

　この事例からは，「思考力の芽生え」「数量や図形，標識や文字などへの関心・感覚」
「言葉での伝え合い」などの「幼児期の終わりまでに育ってほしい姿」を読み取るこ
とができます。

> **ワーク2**　事例から考えてみよう

> ### 事例 15-2　ゼリーみたいに固まらせたい
>
> ——◦——◦——◦——◦——※——◦——◦——◦——◦——◦——
>
> （5歳児　7〜9月）
>
> ねらい：つくり方や素材の違いによる色などの変化に気づき，関心をもって考えたり

試したりする。

内　容：友達のやり方に刺激を受けながら，やり方や素材を換えて何度も挑戦する。

　　夏の草花での色水遊びが1週間前から続いています。アカリは，色水遊びの机の近くの花壇から草を採ってきて，小さくちぎってボウルに入れました。ケンジは，草をそのまますり鉢に入れて，すりこぎで押しつぶし始めました。そこへ保育者が通りかかり，アカリとケンジはつくりかけの色水を見せました。保育者が「色がちょっと違うね。つくる材料が違う？」と声をかけたので，2人はつくった色水を見比べました。アカリが「こっちがちょっと濃い」というと，ケンジが「ぼくの薄い緑」といいました。
　　友達と色や量などを比べながら，使う草花ややり方を変えて何度もつくっています。ユウが，「ちょっと緑の葉っぱを入れたら泡が出た」というのを聞いて，カズキは「それ，ぼくも入れてみる」とユウが使っていた葉を採りに行きました。ユウの色水は，気泡がたくさん立っていました。しばらくつくっていたユウは，「ねぇ，いくら経っても泡が消えん」とおどろきました。近くにいた保育者は「泡が出る葉っぱと出ない葉っぱがある？」と聞きながら，「私もユウちゃんみたいにつくってみよう」といって，ユウに教えてもらいながら，同じ材料でつくってみることにしました。

---

**（設問1）**

「幼児期の終わりまでに育ってほしい姿」などを活用しながら，子どもたちの学びや経験，保育者の環境構成や援助についてグループで意見交換をしましょう。

---

**（設問2）**

小学校のどのような学習につながるのかについても考えてみましょう。

## ［さらに学びを深めるために］

> ・国立教育政策研究所教育課程研究センター『幼児期から児童期への教育』ひかりのくに，2005

　幼児期から児童期への発達とその教育のあり方と，小学校教育との滑らかな接続を図る必要性を学ぶことができます。また，多くの実践事例から幼児期における遊びを通した総合的な指導の重要性を知ることもできます。

## ［引用文献］
1）文部科学省『幼児理解に基づいた評価』チャイルド本社，2019，pp5-6
2）文部科学省『幼稚園教育要領解説』フレーベル館，2018，p.92


## ［参考文献］
・厚生労働省『保育所保育指針解説』フレーベル館，2018
・高知県教育委員会「発達障害等のある幼児児童生徒の支援をつなぐ就学時引き継ぎシート（例）・支援引き継ぎシート（例）」2002
・高知県教育委員会「高知県保幼小接続期実践プラン」2018
・国立教育政策研究所教育課程研究センター「発達や学びをつなぐスタートカリキュラム：スタートカリキュラム導入・実践の手引き」2018
・草加市教育委員会「草加市幼保小中一貫教育プログラム」2019
・内閣府・文部科学省・厚生労働省『幼保連携型認定こども園教育・保育要領解説』」フレーベル館，2018
・堀越紀香「幼小接続期における戸惑いへの対処とそれを支えるシステムの構築」（国立教育政策研究所科学研究費助成事業　研究成果報告書）2018
・文部科学省『幼稚園教育要領解説』フレーベル館，2018
・文部科学省『幼児理解に基づいた評価』チャイルド本社，2019
・文部科学省『小学校学習指導要領解説：生活科編』日本文教出版，2008
・文部科学省『小学校学習指導要領解説：総則編』東洋館出版，2018
・幼児期の教育と小学校教育の円滑な接続の在り方に関する調査研究協力者会議「幼児期の教育と小学校教育の円滑な接続の在り方について（報告）」2010
・横浜市教育委員会「〜横浜版接続期カリキュラム〜育ちと学びをつなぐ」2013

第15章
発達の連続性と就学への支援

# index

———————————— ‖ 編 著 者 ・ 著 者 紹 介 ‖ ————————————

‖ **編 著 者** ‖

**藪中　征代**（やぶなか・まさよ）………………… 第1章，第3章，第7章

◎聖徳大学大学院教職研究科教授
　[専攻]　教育心理学，言語心理学，保育心理学
　[経歴]　聖徳大学大学院児童学研究科博士後期課程修了。博士（児童学）。美作女子大学家政学部専任助手，文部省
　　　　　メディア教育開発センター特別共同利用研究員，聖徳大学短期大学部准教授を経て，現職。
　[著書]　『朗読聴取に関する教育心理学的研究』（単著，風間書房，2008），『ことばによる望ましいコミュニケーションの
　　　　　方法―教師，保育者，カウンセラーにおくる一般意味論の招待状―』（共著，萌文書林，2017）他。

**玉瀬　友美**（たませ・ゆみ）………………… 第8章，第9章，第10章

◎高知大学教育学部教授
　[専攻]　教育心理学
　[経歴]　聖徳大学大学院通信教育課程児童学研究科児童学専攻博士後期課程修了。博士（児童学）。白鳳女子短期大学
　　　　　准教授を経て，現職。
　[著書]　『「保育」の教育における読み聞かせ経験　―その教育心理学的研究―』（単著，風間書房，2012），『新版　保
　　　　　育内容・言葉　―乳幼児のことばを育む―』（編著，教育出版，2018）他。

‖ **著 者** ‖ （50音順）

**小原　貴恵子**（おはら・きえこ）………………… 第12章，第14章

◎聖徳大学短期大学部保育科講師
　[専攻]　児童学
　[経歴]　聖徳大学大学院通信教育課程児童学研究科児童学専攻博士前期課程修了。修士（児童学）。保育士養成校卒業
　　　　　後，保育所に勤務したのち，保育関連企業で運営・管理・企画担当を経て，現職。
　[著書]　『対話的・深い学びの保育内容「人間関係」』（共著，萌文書林，2018），『基礎から学ぶ子育て支援の実際』（共著，
　　　　　大学図書出版，2020）他。

**川端　美穂**（かわばた・みほ）………………… 第2章，第6章，第13章

◎北海道教育大学教育学部准教授（教育発達専攻幼児教育分野）
　[専攻]　発達心理学
　[経歴]　立命館大学大学院文学研究科博士後期課程（心理学専攻）単位取得退学。修士（文学）。立命館大学文学部助
　　　　　手，拓殖大学北海道短期大学助教授（保育科），札幌国際大学人文学部准教授（心理学科）を経て，2013年よ
　　　　　り現職。
　[著書]　『New心理学ブックス 小学二年生の心理』（共著，大日本図書，2000），『新版　保育内容・言葉　―乳幼児の
　　　　　言葉を育む―』（共著，教育出版，2018）他。

**堂本　真実子** （どうもと・まみこ）…………… 第4章，第5章

◎認定こども園若草幼稚園 園長
　［専攻］幼児教育学
　［経歴］東京学芸大学大学院連合学校教育学研究科博士後期課程修了。博士(教育学)。東京学芸大学附属幼稚園教諭，日本大学，昭和女子大学などの非常勤講師を経て，現職。高知大学非常勤講師。
　［著書］『保育内容領域「表現」〜日々わくわくを生きる子どもの表現〜』（編著，わかば社，2018），写真集『日々わくわく』（企画，現代書館，2018）他。

**中山　美香** （なかやま・みか）……………………… 第11章，第15章

◎高知大学教育学部附属幼稚園 副園長
　［専攻］児童教育学
　［経歴］公立小学校教諭，高知県教育委員会事務局幼保支援課指導主事，チーフ（幼児教育担当），専門企画員（幼児教育・親育ち支援担当）を経て，現職。文部科学省「幼児教育の実践の質向上に関する検討会」委員など国の審議会の委員を務める。
　［著書］「教育・保育の質向上を支える地方自治体の実践　—高知県教育委員会の取り組みから—」『発達158』（ミネルヴァ書房，2019），「［幼児期の教育の振興・充実に向けて］幼稚園教育要領等への理解を深め，幼稚園・保育所等の実践を支える仕組みづくり」『初等教育資料No.968（2018年6月号）』（東洋館出版社，2018）


《事例執筆協力》

佐藤　牧子〈目白大学人間学部 助教〉………… 事例：第8章，第9章，第10章


《写真撮影協力》

認定こども園若草幼稚園（高知市）

# 子どもの理解と援助
## 子どもの育ちと学びの理解と保育実践

2020年10月19日　初版第1刷発行

| | |
|---|---|
| 編 著 者 | 藪中征代・玉瀬友美 |
| 発 行 者 | 服部直人 |
| 発 行 所 | (株)萌文書林 |
| | 〒113-0021　東京都文京区本駒込6-25-6 |
| | tel：03-3943-0576　　fax：03-3943-0567 |
| | https://www.houbun.com |
| | info@houbun.com |
| 印刷・製本 | モリモト印刷株式会社 |

©2020 Masayo Yabunaka, Yumi Tamase, Printed in Japan　　　　　　　ISBN 978-4-89347-371-4　C3037

装幀・本文レイアウト／冨田由比　　イラスト／西田ヒロコ　　DTP制作／坂本芳子